尚书·礼记

卷三

〔东汉〕孔安国 戴圣 著

月令（下）

是月也，养衰老，授几杖，行糜粥饮食。乃命司服具饬衣裳，文绣有恒，制有小大，度有长短，衣服有量，必循其故，冠带有常。乃命有司申严百刑，斩杀必当，毋或枉桡。枉桡不当，反受其殃。

是月也，乃命宰、祝循行：牺牲，视全具；案刍豢，瞻肥瘠；察物色，必比类；量小大，视长短，皆中度。五者备当，上帝其飨。天子乃难，以达秋气。以犬尝麻，先荐寝庙。

是月也，可以筑城郭，建都邑，穿窦窖，修囷仓。乃命有司趣民收敛，务畜菜，多积聚。乃劝种麦，毋或失时。其有失时，行罪无疑。

是月也，日夜分，雷始收声。蛰虫坏户，杀气浸盛，阳气日衰，水始涸。日夜分，则同度、量，平权、衡，正钧、石，角斗、甬。

是月也，易关市，来商旅，纳货贿，以便民事。四方来集，远乡皆至，则财不匮，上无乏用，百事乃遂。

凡举大事，毋逆大数①，必顺其时，慎因其类。

仲秋行春令，则秋雨不降，草木生荣，国乃有恐；行夏令，则其国乃旱，蛰虫不藏，五谷复生；行冬令，则风灾数起，收雷先行，草木蚤死。

季秋之月，日在房，昏虚中，旦柳中。其日庚、辛，其帝少皞，其神蓐收。其虫毛。其音商，律中无射。其数九。其味辛，其臭腥。其祀门，祭先肝。

鸿雁来宾②，爵入大水为蛤，鞠有黄华，豺乃祭兽戮禽。

天子居总章右个，乘戎路，驾白骆，载白旂，衣白衣，服白玉，食麻与犬，其器廉以深。

是月也，申严号令，命百官贵贱无不务内，以会天地之藏，无有宣出。乃命冢宰农事备收，举五谷之要，藏帝藉之收于神仓，祗敬必饬。

是月也，霜始降，则百工休。乃命有司曰：『寒气总至，民力不堪，其皆入室。』上丁，命乐正入学习吹。

是月也，大飨帝，尝，牺牲告备于天子。合诸侯，制百县，为来岁受朔日，与诸侯所税于民轻重之法，贡职之数，以远近土地所宜为度，以给郊庙之事，无有所私。

是月也，天子乃教于田猎，以习五戎，班马政。命仆及七驺咸驾，载旌、旐，授车以级，整设于屏外，司徒搢扑，北面誓之。天子乃厉饰，执弓挟矢以猎，命主祠祭禽于四方。

是月也，草木黄落，乃伐薪为炭。蛰虫咸俯在内，皆墐其户。乃趣狱刑，毋留有罪。收禄秩之不当、供养之不宜者。

是月也，天子乃以犬尝稻，先荐寝庙。

季秋行夏令，则其国大水，冬藏殃败，民多鼽嚏；行冬令，则国多盗贼，边竟不宁，土地分裂；行春令，则暖风来至，民气解惰，师兴不居。

孟冬之月，日在尾，昏危中，旦七星中。其日壬、癸。其帝颛顼，其神玄冥。其虫介。其音羽，律中应钟。其数六。其味咸，其臭朽。其祀行，祭先肾。水始冰，地始冻，雉入大水为蜃，虹藏不见。天子居玄堂左个，乘玄路，驾铁骊，载玄旂，衣黑衣，服玄玉，食黍与彘，其器闳以奄。

是月也，以立冬。先立冬三日，大史谒之天子曰：『某日立冬，盛德在水。』天子乃齐。立冬之日，天子亲帅三公、九卿、大夫以迎冬于北郊。还反，赏死事，恤孤寡。

是月也，命大史衅龟、筴，占兆，审卦，吉凶是察，阿党[3]则罪，无有掩蔽。

是月也，天子始裘。命有司曰：『天气上腾，地气下降，天地不通，闭塞而成冬。』命百官谨盖藏。命司徒循行积聚，无有不敛。坏城郭，戒门闾，修键闭，慎管籥，固封疆，备边竟，完要塞，谨关梁，塞徯径。饬丧纪，辨衣裳，审棺椁之薄厚，茔丘垄之大小、高卑、厚薄之度，贵贱之等级。

是月也，命工师效功，陈祭器，案度程，毋或作淫巧，以荡上心，必功致为上。物勒工名，以考其诚。功有不当，必行其罪，以穷其情。

是月也，大饮烝。天子乃祈来年于天宗，大割祠于公社及门闾。腊先祖、五祀，劳农以休息之。天子乃命将帅讲武，习射、御、角力。

是月也，乃命水虞、渔师收水泉池泽之赋，毋或敢侵削众庶兆民，以为天子取怨于下。其有若此者，行罪无赦。

孟冬行春令，则冻闭不密，地气上泄，民多流亡；行夏令，则国多风暴，方冬不寒，蛰虫复出；行秋令，则雪霜不时，小兵时起，土地侵削。

【注释】

①大数：天道。

②来宾：客人停留未去。

③阿（ē）：逢迎上意。党：私附于下。

【译文】

这个月养护衰弱的老人，授给几杖，赐给粥作饮食。命掌管衣服之官，准备整治衣裳，花纹彩绣要有常规，衣服的大小、长短都有一定的标准。朝服燕服及其他衣服的大小、长短，冠带样式，必须遵循常制。命管理监狱之官，重申戒令，使属下谨慎用刑，或斩或杀，必求至当，不能轻罪重判或重罪轻判。若有刑罚不当，执法之人要反受惩罚。

这个月要命令太宰大祝巡视牺牲，看其毛色是否纯一，肢体是否完整，所食的草谷饲料是否充足，牺牲的肥瘦如何及毛色，然后比照祭祀的种类；测量牺牲的大小，察看牛角的长短，均合乎标准。体型、肥瘦、毛色、大小、长短全都合适，上帝才享用牺牲。此时天子举行驱疫祭祀仪式，来通达秋气。天子品尝大麻，并配以狗肉，先献于宗庙。

这个月可以修筑内外城墙，建造城邑，挖掘椭圆或方形的地洞，修建谷仓。命令司农之官，催促民众收藏谷物、存储干菜，多多积蓄过冬的粮食。鼓励种麦，不要荒误时日。如有误农时的，实施惩罚毫无迟疑。

这个月进入秋分，白天和黑夜的时间均等，不再有雷声。昆虫增添洞口的泥土。肃杀之气渐深，阳气一天天减少，湖水开始干涸。当这日夜平分的时候，就要统一长度和容量单位，检测称重的天平、秤锤符合规制，使容器钧与石大小准确无误，让量器斗与斛的大小合乎标准。

这个月，减轻关口稽查和市场税收，以招徕各地商人旅客，购进他们带来的货物，以便利民众生活日用。四方的人来这里聚集，远方的人也来到这里，那么财用不会匮乏，国家不缺乏财用，任何事情都可办成。凡是劳民动众的事情，不可违反天道，必须顺时行事，谨慎地依照合适的时间来办。

仲秋行春令，就会不下秋雨，草木又再开花，国内常有恐惧的祸事；行夏令，国内就会有大旱，该蛰居的昆虫不掩藏，五谷又重新发芽。行冬令，就会风灾频繁发生，提前停止打雷，草木早早死亡。

季秋九月，太阳运行到房宿的位置。黄昏时虚星在南方天空正中，黎明时柳星在南方天空正中。秋季专属天干吉日是庚日和辛日，秋天尊奉的天帝是少皞，天神是蓐收。与秋季相配的虫是五虫中的毛虫，相配的音是五音中的商音，十二律应是无射，数以九为成数，口味为辛，气味为腥，祭祀对象为门神，祭品以动物肝脏为上。

鸿雁迁来停留，雀入大海化为蛤蜊，秋菊开出黄花，豺杀戮禽兽如祭祀一样摆入陈列在地上，然后再吃掉。

天子居住在明堂西向右边之室，乘坐白色的车，驾白色黑鬃尾的马，车上插着白旗，穿白衣，佩白色玉佩。食物以大麻和狗肉为主，用的器物外有棱角，内部深邃。

这个月，重申加紧号令，命百官和上下官吏都从事收缴工作，以配合天地藏物的时机，不能有宣泄的行为。令太宰在农作物全数收齐之后，登记五谷收入簿籍，并把藉田的收获贮藏于神仓，这项工作必须恭敬严肃。

这个月，开始降霜，各种工艺匠人都休息。命有关官吏：『寒气会忽然到来。民力已不能忍受，应该让他们都离开田野回到屋里。』九月上旬第一个丁日，命乐正到国学里教练管乐的吹奏。

这个月，在明堂举行大飨祭祀五帝，在宗庙举行秋祭，祭品准备完备，就报告天子。天子会合畿外诸侯、畿内各县官员，颁布来年的十二个月的朔日日期，以及诸侯向百姓征税轻重的规定，贡赋的数量，这些都要按照距离王都远近及其土地物产情形来确定，用以供给祭祀天帝和宗庙的大事，要按着有关规定，没有任何私心。

这个月，天子在田猎时教民众阵法，操练五种兵器的用法，颁布用马的政令。命令戎车驭手和七位车夫将七种车都驾好，插上旗帜，依职位高低颁授车辆，整队排列于猎场的屏障之外。司徒把扑插在腰间，向着北面发誓，要对犯令违法者加以惩处。天子披戴盔甲，拿着弓矢来打猎，命主管祭祀之官用猎获的禽兽祭祀四方之神。

这个月，草木枯黄落叶，可以砍柴烧炭。蛰伏的昆虫都藏身洞内，都用泥封了洞口。于是督促处理狱刑案件，将有罪的罪犯加以断决，不要有遗留。收回不称职的禄位和无功受禄的人之所得。

这个月，天子品尝新稻配以狗肉，吃之前先献于宗庙。

季秋实行夏季的政令，国内会有大水灾，冬藏的东西都会毁坏，民众常患伤风而打喷嚏；行冬令，国内会多盗贼，边境不安宁，土地将被分裂；行春令，会有暖风重来，民众精神就会懈惰萎靡，战争不能止息。

孟冬十月，太阳运转的位置在尾宿，黄昏时，危星位于南方天空正中间，拂晓时，七星位于南天中间。冬季天干吉日是壬日和癸日，五行属水。崇敬的天帝是颛顼，敬奉的神是水官玄冥。与孟冬相合的动物是介虫。音是五声中的羽，音律是应钟。孟冬的成数是六。与孟冬相合的五味是咸味，气味是朽味。孟冬中祭祀行神，祭品中以五脏的肾脏为先。这个月，水开始结冰，地开始上冻，野鸡潜藏淮水化为蛤蜊，天空中的虹不再显现。这个月，天子在明堂北向的左室居住，乘坐黑色的车，驾黑色的马，车上插着黑色的旗子，穿黑色的衣服，佩黑色的饰玉，食用黍米和猪肉，使用的器物腹内宏大而口小。

这个月立冬。立冬的前三天，太史觐见天子汇报说：『某日立冬，盛德处在水位。』天子因此斋戒准备还冬。到立冬那天，天子亲自带领三公、九卿和大夫到北郊举办迎冬祭祀。回来后便奖赏为国事而死的人，并抚恤他们的遗孤和遗孀。

这个月命太卜祭祷龟与蓍草，审查蓍草的卦象，察明是凶是吉。逢迎上级或徇私下级的人就要治罪，使其不能隐匿、蒙蔽。

这个月天子开始穿皮裘。命有关官吏说：『天气上升，地气下降，上下不能通达，各自闭塞就成为冬天。』因此命令百官小心储藏工作。命司徒巡查各处是否有堆积在外的禾稼，都要收敛储藏好。增筑城郭，警戒城门和里门，修理门闩，小心保管钥匙，加固疆界，防备边境，完善要塞，谨慎地看管关卡和桥梁，堵塞狭细小道。整饬丧事的规格，备办衣裳，察看棺椁厚薄，墓域大小，坟墓高低的情况，要合乎贵贱等级。

这个月命工师呈缴百工制作的器物，陈列祭器，考查其样式法度，不准制作奢侈奇巧的物品惑乱上心，必须以精巧细致为上。物品刻上工匠的名字，来验证其工作态度。如果物品不精良不合格，必须追究罪行，彻查原因。

这个月，天子和群臣要在太学宴会饮酒，并祭宗庙。天子向日、月、星辰祈祷来年丰收，宰杀并割裂牲体祭祀土地神以及城门和里门。用田猎所获的禽兽进行门、户、中霤、灶、行五祀的祭祀，慰劳农民让他们休息。天子命令将帅讲习武事，教导士卒射箭、驾车、摔跤格斗。

这个月命管理湖泊的官吏和渔师，收取水泉池泽的赋税，如有侵夺庶民百姓利益的，使他们归怨于天子的，必施行责罚，决不宽赦。

孟冬行春令，就会封冻得不严密，而地气随着向上泄，民众多流失逃亡；行夏令，则国内经常有风暴，正值冬季而不寒冷，蛰伏的虫类又重新复出；行秋令，就会雪霜下得不合时，小的战争时常发生，国土常被侵夺。

仲冬之月，日在斗，昏东壁中，旦轸中。其日壬、癸。其帝颛顼，其神玄冥。其虫介。其音羽，律中黄钟。其数六。其味咸，其臭朽。其祀行，祭先肾。

冰益壮，地始坼，鹖旦不鸣，虎始交。

天子居玄堂大庙，乘玄路，驾铁骊，载玄旂，衣黑衣，服玄玉，食黍与彘，其器闳以奄。

饬死事。命有司曰：『土事勿作，慎毋发盖，毋发室屋，及起大众，以固而闭。地气沮泄，是谓发天地之房，诸蛰则死，民必疾疫，又随以丧，命之曰「畅月」。』

是月也，命奄尹申宫令，审门闾，谨房室，必重闭，省妇事，毋得淫①。虽有贵戚近习，毋有不禁。乃命大酋秫稻必齐，麹蘖必时，湛炽必洁，水泉必香，陶器必良，火齐必得。兼用六物，大酋监之，毋有差贷。

天子命有司祈祀四海、大川、名源、渊泽、井泉。

是月也，农有不收藏积聚者，马牛畜兽有放佚者，取之不诘。山林薮泽，有能取蔬食、田猎禽兽者，野虞教道之。其有相侵夺者，罪之不赦。

是月也，日短至。阴阳争，诸生荡。君子齐戒，处必掩身，身欲宁，去声色，禁耆欲，安形性，事欲静，以待阴阳之所定。芸始生，荔挺出，蚯蚓结，麋角解，水泉动。日短至，则伐木，取竹箭。

是月也，可以罢官之无事，去器之无用者。涂阙廷、门闾，筑囹圄，此以助天地之闭藏也。

仲冬行夏令，则其国乃旱，氛雾冥冥，雷乃发声；行秋令，则天时雨汁，瓜瓠不成，国有大兵；行春令，则蝗虫为败。水泉咸竭，民多疥疠。

季冬之月，日在婺女，昏娄中，旦氐中。其日壬、癸。其帝颛顼，其神玄冥。其虫介。其音羽，律中大吕。其数六。其味咸，其臭朽。其祀行，祭先肾。

雁北乡，鹊始巢，雉雊，鸡乳。

天子居玄堂右个，乘玄路，驾铁骊，载玄旂，衣黑衣，服玄玉，食黍与彘，其器闳以奄。命有司大难，旁磔，出土牛，以送寒气。征鸟厉疾。乃毕山川之祀，及帝之大臣、天之神祇。

是月也，命渔师始渔。天子亲往，乃尝鱼，先荐寝庙。冰方盛，水泽腹坚，命取冰，冰以入。令告民出五种[②]，命农计耦耕事，修耒耜，具田器。命乐师大合吹而罢。乃命四监收秩薪柴，以共郊庙及百祀之薪燎。

是月也，日穷于次，月穷于纪。星回于天，数将几终，岁且更始，专而农民，毋有所使。天子乃与公、卿、大夫共饬国典，论时令，以待来岁之宜。乃命大史次诸侯之列，赋之牺牲，以共皇天、上帝、社稷之飨。乃命同姓之邦共寝庙之刍豢[③]。命宰历卿、大夫至于庶民土田之数，而赋牺牲，以共山林名川之祀。凡在天下九州之民者，无不咸献其力，以共皇天、上帝、社稷、寝庙、山林、名川之祀。

季冬行秋令，则白露蚤降，介虫为妖，四鄙入保；行春令，则胎夭多伤，国多固疾，命之曰『逆』；行夏令，则水潦败国，时雪不降，冰冻消释。

【注释】

①淫：女人从事制作奢侈怪异的物品。

②五种：五谷的种子。

③刍豢：指祭祀用的牺牲。

【译文】

仲冬十一月，太阳运转到了斗宿的位置，黄昏时候东辟星显现在南方天空的正中，拂晓时候轸星出现在南方天空的中间。冬季属水，这个月天干以壬日和癸日为主。尊奉的天帝是颛顼，天神是玄冥。与仲冬相配的虫是五虫中的介虫，相配的音是五音中的羽音，律是黄钟，数以六为成数。味道以咸为主，气味以朽为主，祭祀对象是行神，祭品以牲畜的肾为上。

冰冻得更加结实，地面冻得开始裂开。山鸟不再鸣叫，老虎开始交配。

天子在明堂北向的中室居住，坐黑色的车，驾黑色的马，插黑色的旗，穿黑色的衣服，佩带黑色的玉，食物主要是黍子和猪肉，所用的器物体大而口小。

告诫军士立下为国捐躯之志。命令有关官吏说：『不可兴土木工程，当心不要敞开覆盖物，不要拆毁房屋宫室，也不可劳民动众，这样可以固定天地之气。否则地气将要泄漏，这就是开天地的房门，各种蛰伏的昆虫就会死掉，民众必遭瘟疫，随之死去，因此这个月名之为「畅月」。』

这个月，命令阉尹申明宫中的禁令，审察宫门巷门，当心宫中房室。必须把内外门都关闭好，减少妇女的劳作，禁止制作奢侈奇巧的东西。即使是天子的贵戚或亲近的人，也不准违犯禁令。于是命令酒官之长大酋酿酒所用的秫米和稻米配料必须合适，酒曲发酵必须掌握好时间，浸泡炊蒸必须洁净，泉水必须甘洌，盛酒的陶器必须精良，火候必须得当。要兼顾好这六个方面，由大酋加以监督，不准有差错。天子命令官吏祭祀四海、大川、大河源头、湖泽、井泉。

这个月，农民如有不收藏储存好农作物的，马牛畜兽仍散放在外面的，别人获取之后而不予追究。山林和沼泽，如有可以捡取的草木果实，或围猎鸟兽的，由主管田野山林的官吏教育引导民众获取。如果互相侵夺，治罪而不宽赦。

这个月，进入白天最短的冬至节气，阴阳互为消长，万物萌动生芽。君子要斋戒，居处必须遮掩好身体，身心要宁静，摒弃声色娱乐，禁止嗜好，稳定身心性情，凡事都要守静，以等待阴阳自然消长而定其盛衰。这时香草开始萌生，马薤草抽芽，蚯蚓蜷曲土中，鹿角脱落，泉水泉流动。白天最短，可以伐取木材，割竹箭。

这个月，能够把闲散无事的官吏免掉，去除无用的器物。粉刷宫庭的门阙、门间，筑造牢狱。这些都是协助天地闭藏的措施。

仲冬十一月，如果推行夏季的政令，就会造成国内发生旱灾，雾气蒙蒙，冬天打雷。如果推行秋季的时令，就会造成经常雨雪交加，瓜瓠不收，国内有大战发生。如果推行春天的政令，就会造成蝗虫败坏庄稼，河水井水干枯，百姓多患恶疮。

季冬十二月，太阳的位置在婺女宿，黄昏时娄星在南方天空正中，黎明时氐星在南方天空正中。冬季属水，天干吉日是壬日和癸日，尊奉的天帝是颛顼，神是玄冥。与季冬相配的虫是五虫中的介虫。音为五音中的羽音，律为十二律中的大吕，成数为六，口味为咸，气味为朽。祭祀对象为井，祭品以肾脏为上。

雁向着北方，喜鹊开始筑巢。野鸡鸣叫，母鸡开始下蛋。

天子居住在明堂北向右边之室，乘黑车，驾黑马，插黑旗，穿黑衣，佩戴黑色玉佩，食物是黍子和猪肉，用的器皿腹内宏大而口小。命典礼之官举行傩祭，分割牲体于国门之旁，并制作土牛以送寒气。鹰隼搏击凶猛迅捷，于是结束一年之中对山川神鬼的祭祀，以及对天帝的大臣和天神地祇的全部祭祀。

这一月，天子命渔官开始捕鱼。天子亲自前去，尝新鱼，又先敬献祖庙。这一月，冰正盛，水泽连底冰冻，天子则命人取冰存进冰窖收藏，命田官告诉农民，从仓库取出五谷种子加以挑选，安排春耕事宜，并修缮耒耜，准备田器。命乐师举行吹乐大合奏，表示一年学业结束。命四监按常例收缴薪柴，以供应郊祀、庙祭以及各种祭祀要烧焚璧玉与牺牲进行燎祭的所需。

这一月，太阳运行到最后的位置，月亮运行到最后和太阳会合的位置。星宿在天上也绕了一圈，一年的日子将终了，新的一年就要开始。让农夫专心于农事，不要有其他的事。天子与三公、九卿、大夫共同整治国家常典，商量按季的政令，以备来年的事宜。天子于是命太史排列诸侯顺序，收取祭用牲口，以供皇天、上帝、社稷的祭祀之用。又命同姓邦国奉献祭用牲口，以供祖庙的祭祀之用。又命小宰编制自诸侯、卿大夫直至庶民所占田地的数量，以此征收祭牲，以供山林名川的祭祀之用。

季冬行秋令，就会白露早降，甲虫动物作怪，四境民众避兵躲入城堡；行春令，母腹中的动物和幼兽多会受伤，国内民众多患不易治愈的病，叫作『逆』；行夏令，就会有水灾，该下雪而不下，冰冻也融化了。

曾子问

曾子问曰：『君薨而世子生，如之何？』孔子曰：『卿、大夫、士从摄主①，北面于西阶南。大祝裨冕，执束帛，升自西阶，尽等，不升堂，命毋哭。祝声三，告曰：「某之子生，敢告。」升，奠币于殡东几上，哭降。众主人、卿、大夫、士、房中皆哭，不踊，尽一哀，反位，遂朝奠。小宰升，举币。』

『三日，众主人、卿、大夫、士，如初位，北面，大宰、大宗、大祝皆裨冕，少师奉子以衰，祝先，子从，宰、宗人从，入门，哭者止。子升自西阶，殡前北面，祝立于殡东南隅。祝声三，曰：「某子之某，从执事敢见。」子拜稽颡，哭，祝、宰、宗人、众主人、卿、大夫、士哭，踊三者三，降，东反位，皆祖。子踊，房中亦踊，三者三，袭，衰，杖，奠出。大宰命祝、史以名遍告五祀②、山川。』

曾子问曰：『如已葬而世子生，则如之何？』孔子曰：『大宰、大宗从大祝而告于祢③。三月，乃名于祢，以名遍告、及社稷、宗庙、山川。』

孔子曰：『诸侯适天子，必告于祖，奠于祢，冕而出视朝。命祝、史告于社稷、宗庙、山川，乃命国家五官而后行，道④而出。告者五日而遍，过是非礼也。凡告用牲、币，反亦如之。诸侯相见，必告于祢，朝服而出视朝。命祝、史告于五庙、所过山川，亦命国家五官道而出。反必亲告于祖、祢，乃命祝、史告至于前所告者，而后所朝而入。』

曾子问曰：『并有丧，如之何？何先何后？』孔子曰：『葬，先轻而后重；其奠也，先重而后轻，礼也。自启及葬不奠，行葬不哀次⑤，反葬奠，而后辞于殡，遂修葬事。其虞也，先重而后轻，礼也。』

【注释】

①摄主：代替世子主持丧事的人。

②五祀：据下文，五祀即指宗庙社稷诸神。

③祢（nǐ）：父庙。出殡的灵柩到达教子居丧之处，孝子要哭踊致哀。

④道：即祖道。祭祀道路之神，即軷祭。

⑤不哀次：指出殡的灵柩到达孝子居丧之处，孝子要哭踊致哀。

【译文】

曾子问道：『国君死后停柩期间，而世子出生，如何行礼呢？』孔子回答说：『世子出生的那天，卿、大夫、士都跟随代替世子的丧主到殡宫，面朝北方，站在西阶的南边。太祝身穿裨衣戴冕冠，双手端着束帛，攀上西阶的最高一级，但不跨进堂内，命令不要哭泣。然后长喊三声再向灵柩汇报说：「夫人某氏已生世子，特来向您报告。」说完走上堂去，把币帛放置灵柩东西的供几上，接着哭泣一阵，然后下堂。众主人、卿、大夫、士以及房中的妇女都一起哭泣，但不跺脚。众人尽情哭泣一次之后，都回到通常朝夕哭泣的位置。于是举行朝奠。礼毕，小宰走上堂，把供几上的币帛等供物拿起来藏在东西两阶之间。

『第三天，众主人和卿、大夫、士仍立在西阶的南边，面向北。太宰、太宗和太祝都穿裨衣戴冕冠，少师抱着世子和世子的孝服。太祝走在最前面，少师抱着世子跟从太祝，太宰和太宗跟着世子。进殡宫大门后，众人停止哭泣，少师抱着世子从西阶登堂，走到灵柩前，面向北站立。太祝站在殡的东南角，先长喊三声，再向灵柩报告说：「夫人某氏所生世子，让执事陪同着来拜见。」少师便抱着世子向灵柩跪地磕头，并哭泣，太祝、太宰、宗人、众主人和卿、大夫、士也跟着哭泣跺脚，三哭三跺脚，如此重复三次。少师抱着世子下堂，回到东面的原定位置上。众人都袒露左臂。少师抱着世子跺脚时，房中的妇女也跟着跺脚，都是三哭三跺脚，重复三次。接着给孝子披上孝服，让他握着哭丧棒，举行朝奠。礼毕退出殡宫，太宰命令祝和史，把世子的名字遍告五祀及山川诸神。』

曾子问道：『如果国君的灵柩已下葬而世子出生，怎样行礼呢？』孔子答道：『太宰、太宗跟着太祝到殡宫向死者的神主禀告。再过三个月，又去拜见神主，并给世子取名，然后把世子的名字遍告社稷、宗庙及山川诸神。』

孔子说：『诸侯将去朝觐天子，必须备礼祭告各祖庙和父庙，穿着裨衣，戴着冕冠上朝，命令太祝、太史向社稷、宗庙、山川诸神祭告，把国中事务托付给五大夫后再出发。出发时，还要举行道祭。各种祭告必须在五天内结束，超过五天，就不合礼。凡是举行祭告，都用牺牲、束帛，外出返回的告归祭祀也一样。诸侯外出相互聘问，也必须祭告父庙，然后穿着朝服上朝，命令太祝、太史祭告五庙和所要经过的山川，也把国中事务托付给五大夫。出发时，举行道祭。返回时的告归祭祀，必须亲祭所有祖庙、父庙，再命太祝、太史向出发前曾祭告过的山川诸神告归，然后回到朝廷听理政事。』

曾子问道：『如果亲人中有两人一起办丧事，应该怎样行礼？谁先，谁后？』孔子说：『下葬，先葬恩轻的，后葬恩重的；行奠祭礼，先祭恩重的，后祭恩轻的：这就是应遵从的礼。在为恩轻的从启殡到下葬这段时间，对恩重未葬的暂不设朝夕奠，柩车出葬路过恩重的生前在大门外设次舍接待宾客的地方时也不停车致哀；葬毕恩轻的回来之后即为恩重的设奠，而后把为恩重的启殡的日期告知宾客，接着就准备葬事；葬后行虞祭，先祭恩重的而后祭恩轻的：这就是应遵从的礼。』

孔子曰：『宗子虽七十，无无主妇；非宗子，虽无主妇可也。』

曾子问曰：『将冠子，冠者至，揖让而入，闻齐衰、大功之丧，如之何？』孔子曰：『内丧则废。外丧则冠而不醴，彻馔而扫，即位而哭。如冠者未至，则废。如将冠子而未及期日，而有齐衰、大功、小功之丧，则因丧服而冠。』『除丧不改冠[①]乎？』孔子曰：『天子赐诸侯、大夫冕、弁服于大庙，归设奠，服赐服，于斯乎有冠醮，无冠醴。父没而冠，则已冠扫地而祭于祢，已祭而见伯父、叔父，而后飨冠者。』

曾子问曰：『祭如之何则不行旅酬之事矣？』孔子曰：『闻之，小祥者，主人练祭而不旅，奠酬于宾，宾弗举，礼也。昔者鲁昭公练而举酬行旅，非礼也；孝公大祥，奠酬弗举，亦非礼也。』

曾子问曰：『大功之丧，可以与于馈奠之事乎？』孔子曰：『岂大功耳，自斩衰以下皆可，礼也。』曾子曰：『不以轻服而重相为乎？』孔子曰：『非此之谓也。天子、诸侯之丧，斩衰者奠；大夫齐衰者奠；士则朋友奠[②]。不足则取于大功以下者，不足则反之。』曾子问曰：『小功可以与于祭乎？』孔子曰：『何必小功耳，自斩衰以下与祭，礼也。』曾子曰：『不以轻丧而重祭乎？』孔子曰：『天子、诸侯之丧祭也，不斩衰者不与祭。大夫齐衰者与祭。士祭不足，则取于兄弟大功以下者。』曾子问曰：『相识，有丧服可以与于祭乎？』孔子曰：『缌不祭，又何助于人？』曾子问曰：『废丧服，可以与于馈奠之事乎？』孔子曰：『说衰与奠，非礼也。以摈相可也。』

曾子问曰：『昏礼既纳币，有吉日，女之父母死，则如之何？』孔子曰：『婿使人吊。如婿之父母死，则女之家亦使人吊。父丧称父，母丧称母。父母不在，则称伯父世母。婿已葬，婿之伯父致命女氏曰：「某之子有父母之丧，不得嗣为兄弟[③]，使某致命。」女氏许诺而弗敢嫁，礼也。婿免丧，女之父母使人请，婿弗取而后嫁之，礼也。女之父母死，婿亦如之。』

曾子问曰：『亲迎，女在涂，而婿之父母死，如之何？』孔子曰：『女改服，布深衣，缟总，以趋丧。女在涂，而女之父母死，则女反。』『如婿亲迎，女未至，而有齐衰、大功之丧，则如之何？』孔子曰：『男不入，改服于外次，女入，改服于内次，然后即位而哭。』

曾子问曰：『除丧则不复④昏礼乎？』孔子曰：『祭，过时不祭，礼也。又何反于初？』孔子曰：『嫁女之家，三夜不息烛，思相离也。取妇之家，三日不举乐，思嗣亲也。三月而庙见，称「来妇」也。择日而祭于祢，成妇之义也。』

曾子问曰：『女未庙见而死，则如之何？』孔子曰：『不迁于祖，不祔于皇姑⑤，婿不杖、不菲、不次，归葬于女氏之党，示未成妇也。』曾子问曰：『取女，有吉日而女死，如之何？』孔子曰：『婿齐衰而吊，既葬而除之。夫死亦如之。』

曾子问曰：『丧有二孤，庙有二主，礼与？』孔子曰：『天无二日，土无二王。尝、禘、郊、社，尊无二上。未知其为礼也。昔者齐桓公亟举兵，作伪主以行，及反，藏诸祖庙。庙有二主，自桓公始也。丧之二孤，则昔者卫灵公适鲁，遭季桓子之丧，卫君请吊，哀公辞，不得命。公为主，客入吊，康子立于门右，北面。公揖让，升自东阶，西乡，客升自西阶，吊。公拜，兴，哭，康子拜稽颡于位。有司弗辩也。今之二孤，自季康子之过也。』

【注释】

①改冠：指补行冠礼而改吉服。

②朋友：僚属。

③兄弟：此指婚姻。

④复：补偿。

⑤祔：将后死者神位附于先祖神位之后。皇姑：祖姑，即婆婆的婆婆。

【译文】

孔子说：『嫡系的宗子，虽然七十岁，不能没有主妇；如果不是宗子，即使没有主妇也可以。』

曾子问道：『将为儿子举行成人的冠礼，行加冠之礼的人到了，并揖让他们进入宗庙里。这时得到亲人去世的讣告，怎么办？』孔子说：『同一宗庙的亲人有丧事，不能在同一庙内行吉礼和丧礼，那冠礼只好停止。如不是同一宗族的人，可将冠礼简化，不宴请宾客。行礼后，撤掉陈设的礼器、食物。布置之后，依自己和死者的关系就位而哭。如果行加冠之礼的人还没到，就不举行冠礼。如果将给儿子行冠礼而没到时间，却先有了齐衰、大功、小功的丧事，那就依自己该服的丧服，直接戴上丧冠。』曾子问：『服丧结束不补行冠礼吗？』孔子说：『天子赐给诸侯大夫冠服在太庙之中，他们拿到冠服回去要奠告家庙，再穿戴起来，也只是依冠礼行醮礼，不再依冠礼行醴礼。父亲已去世而举行冠礼，那么在行过冠礼之后，布置祭告亡父之礼，祭告以后出来拜见伯父叔父，然后宴请参加冠礼的人。』

曾子问道：『哪一类祭礼才不举行旅酬之类的事？』孔子说：『我听说过，小祥祭，主人改服练冠而祭不举行旅酬，主人向客人敬酒，客人搁置酒杯不向别人敬酒，这是正礼。以前鲁昭公在练祭时举行旅酬，这不合乎礼，孝公到了大祥之祭，却不举行旅酬，这也不合乎礼。』

曾子问道：『自己本身服有大功之丧，能够参加别人的祭奠吗？』孔子说：『何止是服大功之丧的人可以！从斩衰以下都能够参加祭奠，这样做也是符合正礼的。』曾子又问：『那岂不是轻视自己所服之丧而重视别人的祭奠吗？』孔子说：『不能如此说。比如天子、国君去世，服斩衰的臣下要去祭奠；大夫去世，服齐衰的家臣要去祭奠，士去世，服大功的朋友要去祭奠。假如人数不够，就找大功以下的本族兄弟来协助，假如还不够，就一人重复两次。』曾子问道：『本身已服小功之丧的人能够参加出殡以后的祭奠吗？』孔子说：『何止是服小功之丧的人能参加？服斩衰以下丧服的人都能够参加祭奠，这是符合礼的。』曾子又问：『这不是轻视自己的丧事而重视别人的祭礼吗？』孔子说：『天子、国君的丧礼，不是服斩衰之丧的人还没有资格参与呢。大夫的祭奠，只有服齐衰的人才能参与。士的祭祀，只有参加祭祀的人数不够时，才找大功以下的本族兄弟来协助。』曾子问道：『两个相识的人，一方有丧服在身，能够去参加另一方的丧祭吗？』孔子答复说：『只要有丧服，哪怕是最轻的缌麻丧服，都不可去祭祀自己的宗庙，又怎么能去协助别人举行丧祭呢？』曾子又问道：『脱掉丧服后，能够去参加别人的丧奠吗？』孔子说：『刚脱掉丧服就去参与别人的丧奠，这是不符合礼的。如果以丧礼中傧相的身份参加大概还行。』

曾子问道：『婚礼已行纳征之礼，并确定了迎娶的吉日，女方父母死了，那该怎么办？』孔子说：『那就由婿家派人去吊丧。如一方死的是父亲，另一方就用父亲的名义去吊丧；如一方死的是母亲，那么另一方就用母亲的名义去吊丧。父母都不在世的，那就用伯父伯母的名义。婿家的丧事已结束，婿的伯父要向女家致意说：「某人的儿子因有父母的丧事，不能和府上联姻，特使我报告致歉。」女家答应了，但不敢把女儿另嫁他人，这是合乎礼的。婿家已经除去丧服，女方的父母派人到婿家请求继续婚姻关系，婿家如不肯娶，然后女方再另嫁他人，这是合乎礼的。女方的父母死了，婿家也是如此。』

曾子问道：『婿行亲迎礼，女子已在出嫁路上，而这时婿的父母去世，该怎么办？』孔子说：『女子改穿布制的深衣，用白绢束发，急速奔丧。如果女子在出嫁路上，而女子的父母去世，女子就回来奔丧。』

曾子问道：『假如婿亲迎，所迎娶的女子还没有到家，而婿家有了齐衰或大功的丧事，该如何做？』孔子说：『男子先不入家门，在大门外的次舍中更换衣服；女子进入大门，在大门内的次舍中更换衣服。然后各自就哭位而哭。』

曾子问道：『除丧之后不再补行婚礼了吗？』孔子答道：『拿祭礼来说，过了日期就不再补祭，这才合乎礼的规定。婚礼还没有祭礼重要，又有什么理由再补办一次呢！』孔子说：『嫁女的人家，一连三夜不熄火把，是因为念及骨肉就要分离了。娶媳妇的人家，一连三天不奏乐，是因为念及传宗接代、双亲日趋衰老。新娘进门三月，要备礼祭祀公婆的亡灵，祝词中称之为「来妇」。这样做了以后，才算是正式成为此家的媳妇。』

曾子问道：『新娘没有庙见而死，如何做？』孔子答道：『她的灵柩，出殡时不需朝见祖庙，神主也不能附在男方祖庙神主之后，做丈夫的不需持丧棒，不需穿孝鞋，不需居庐舍中，归葬于她娘家的墓地，以表示她还没成为男家的媳妇。』曾子又问道：『迎娶新娘的吉日已经确定而新娘突然去世，该如何做？』孔子答道：『婿应该穿着齐衰孝服前往吊丧，新娘下葬后即可脱掉孝服。如果是丈夫突然去世，新娘也照此办理。』

曾子问道：『丧事有两个主人，庙里有两个神主，这是合礼的吗？』孔子答道：『天无二日，国无二王。宗庙天地之祭，最尊贵的神也只有一个。由此看来，恐怕难说是合理的。从前齐桓公屡次起兵南征北伐，做了个假神主随军同行。等到胜利归来，把假神主藏到祖庙。一个庙里同时有两个神主，就是从齐桓公开始的。一宗丧事而有两个丧主，起因于从前卫出公来鲁国访问，碰上了执政大臣季桓子之丧，卫君请求吊唁，鲁哀公推辞不掉。于是哀公自为丧主，卫君入吊时，桓子的儿子康子站在门的右边，面朝北。哀公揖请卫君上堂，自己从东阶升堂，面西而立；卫君则从西阶升堂吊唁，哀公拜谢卫君之吊，起立，哭泣，与此同时，康子在丧主的位置上也向卫君拜谢并向灵柩叩头。当时的司仪也没加纠正，就好像这宗丧事是有两个丧主似的。现在丧事有两个丧主，是从季康子的违礼开始的。」

曾子问曰：『古者师行，必以迁庙主①行乎？』孔子曰：『天子巡守，以迁庙主行，载于齐车，言必有尊也。今也取七庙之主以行，则失之矣。当七庙、五庙无虚主。虚主者，唯天子崩，诸侯薨，与去其国，与祫祭于祖，为无主耳。吾闻诸老聃曰：「天子崩，国君薨，则祝取群庙之主而藏诸祖庙，礼也。卒哭成事，而后主各反其庙。君去其国，大宰取群庙之主以从，礼也。祫祭于祖，则祝迎四庙之主，主出庙入庙，必跸。」老聃云。』曾子问曰：『古者师行无迁主，则何主？』孔子曰：『主命。』问曰：『何谓也？』孔子曰：『天子，诸侯将出，必以币、帛、皮、圭告于祖、祢，遂奉以出，载于齐车以行。每舍，奠焉而后就舍。反必告，设奠，卒，敛币、玉，藏诸两阶之间，乃出。盖贵命也。』

子游问曰：『丧慈母如母，礼与？』孔子曰：『非礼也。古者，男子外有傅，内有慈母，君命所使教子也，何服之有？昔者，鲁昭公少丧其母，有慈母良，及其死也，公弗忍也，欲丧之。有司以闻曰：「古之礼，慈母无服。今也君为之服，是逆古之礼而乱国法也。若终行之，则有司将书之，以遗后世，无乃不可乎？」公曰：「古者天子练冠以燕居。」公弗忍也，遂练冠②以丧慈母。丧慈母，自鲁昭公始也。』

曾子问曰：『诸侯旅见③天子，入门不得终礼，废者几？』孔子曰：『四。』请问之。曰『大庙火，日食，后之丧，雨沾服失容，则废。如诸侯皆在而日食，则从天子救日，各以其方色与其兵。大庙火，则从天子救火，不以方色与兵。」

曾子问曰：「诸侯相见，揖让入门，不得终礼，废者几？」孔子曰：「六。」请问之。曰：「天子崩，大庙火，日食，后、夫人④之丧，雨沾服失容，则废。」

曾子问曰：「天子尝、禘、郊、社、五祀之祭，簠、簋既陈，天子崩，后之丧，如之何？」孔子曰：「废。」

曾子问曰：「当祭而日食，大庙火，其祭也如之何？」孔子曰：「接祭而已矣。如牲至未杀，则废。天子崩，未殡，五祀之祭不行，既殡而祭。其祭也，尸入，三饭，不侑，酳不酢而已矣。自启至于反哭，五祀之祭不行，已葬而祭，祝毕献而已。」

曾子问曰：「诸侯之祭社稷，俎、豆既陈，闻天子崩、后之丧，君薨、夫人之丧，如之何？」孔子曰：「废。自薨比至于殡，自启至于反哭，奉帅⑤天子。」曾子问曰：「大夫之祭，鼎、俎既陈，笾、豆既设，不得成礼，废者几？」孔子曰：「九。」请问之。曰：「天子崩，后之丧，君薨、夫人之丧，君之大庙火，日食，三年之丧，齐衰，大功，皆废。外丧自齐衰以下行也。其齐衰之祭也，尸入，三饭，不侑，酳不酢而已矣。大功，酢而已矣。小功，缌，室中之事而已矣。士之所以异者，缌不祭，所祭，于死者无服，则祭。」

曾子问曰：「三年之丧，吊乎？」孔子曰：「三年之丧，练不群立，不旅行。君子礼以饰情，三年之丧而吊哭，不亦虚乎！」

【注释】

①迁庙主：迁入太祖庙的神主。

②练冠：小祥之冠，用白绢制成。

③旅见：众多诸侯一同朝见天子。

④后：指天子的夫人。夫人：诸侯的夫人。

⑤奉帅：遵循、按照。

【译文】

曾子问道：『古时候出兵，必定要带着迁入太祖庙的神主同行吗？』孔子答道：『天子巡守，带着迁入太祖庙的神主同行，载于金路上，表示天子也有所尊敬。现在倒好，天子巡守，带着太祖以下七庙的神主同行，这就搞错了。在正常情况下，天子七庙、诸侯五庙都不会空着而没有神主。庙空着而没有神主，只有在天子驾崩、诸侯去世和出奔、在太祖庙里合祭群庙的所有神主的时候，才会庙空而无主。我听老聃说过：「天子驾崩，国君去世，则由太祝把群庙的神主统统取来藏到太祖的庙里，这是礼当如此。等到下葬并且举行了卒哭之祭以后，再把群庙之主送回各自的庙里。国君逃难出奔，太宰就将群庙的神主取来同行，这也是礼当如此。诸侯在太祖庙里合祭群庙的神主，就让太祝把其余四庙的神主迎来。凡是迎送神主出庙入庙，一定要清道戒严。」这是老聃说的。』曾子又问道：『古时候出兵，如果没有迁入太祖庙的神主可以同行，那将用什么作为主呢？』孔子回答说：『用神主的命令。』曾子不懂，就又问道：『什么叫作神主的命令？』孔子答道：『天子、诸侯在出行之前，一定要以币、帛、皮、圭为供品向祖庙父庙举行告祭，祭毕，就恭敬地将这些币圭捧出，装到斋车上带着同行。每到一个休息的地方，先祭奠这些币圭，然后才敢休息。回来以后，要在祖庙举行告至之祭。祭过之后，把这些作为「主命」的币圭收集起来，藏到堂下的两阶之间，然后走出。这样做就是表示尊敬神主的命令。』

子游问道：『为慈母服丧就像为生母一样，合乎礼吗？』孔子说：『不合乎礼。古时男孩子外有师傅，内有慈母，都是国君命他们前来教导孩子的，应服什么丧？从前鲁昭公从小丧母，有个慈母很仁厚，到慈母去世的时候，昭公于心不忍，想为她服丧。官吏告知他说：「按照古礼，为慈母不服丧。现在君为慈母服丧，这既违反古礼，又扰乱国法。如果最后这样做，官吏就将记载入史册，流传到后世，恐怕不能够这样做吧。」昭公说：「古时的天子不是在空闲时候（为慈母）服练冠吗？」昭公最后不忍心，于是为慈母服练冠之丧。为慈母服丧，即是从鲁昭公开始的。』

曾子问道：『众多诸侯一同朝见天子，已经进入行礼的太庙门，但不能行礼完毕，中途而废的情况有几种？』孔子说：『共有四种。』曾子说：『请问是哪四种？』孔子说：『就是太庙失火，出现日食，王后死亡，大雨淋湿衣服不能保持仪容，这四种情况下就停止行礼。如果所有的诸侯都来朝见天子而遇到日食，那就跟从天子去救太阳，诸侯们要穿上自己国家所在方位的颜色的衣服，拿着相应方位的兵器。如果是太庙失火，就跟着天子去救火，对衣服颜色和兵器没有要求。』

曾子又问：『诸侯之间相见，主国已把来宾请入大庙门，但不能行礼完毕，中途而废的有几种情况？』孔子说：『共有六种。』曾子说：『请问是哪六种？』孔子说：『那就是天子崩驾，诸侯的太庙失火，出现日食，王后或诸侯的夫人突然死亡，大雨淋湿衣服不能保持仪容，遇到这六种情况就中止行礼。』

曾子问道：『天子举行尝、禘、郊、社、五祀等祭祀，祭品已经摆列出来，遇上天子驾崩、王后去世，怎么办？』孔子说：『停止。』曾子问道：『正在祭祀的时候，发生日食或太庙失火，那祭祀怎么办？』

孔子说：『那就快速地进行祭祀，如作牺牲用的祭牲到了，还没杀掉，就停止不祭。天子驾崩，在刚死到移柩于殡的七天内不举行五祀之祭，已经入棺停殡可以举行五祀之祭。祭时，尸进入，只三食而止，不再劝尸继续吃饭。尸饮酒漱口后，也不回敬主人饮酒。从启请出殡到葬后返哭于庙期间，不举行五祀之祭。丧事结束时可以举行五祀之祭，但礼节要简化，只进行向祝献酒就算礼毕。』

曾子问：『诸侯祭祀土地神和谷神，俎、豆已经陈设，这时听说天子驾崩或是王后去世，国君或是国君夫人去世，要怎么办？』孔子说：『废祭祀。从刚死到入棺停殡，从启殡到下葬返哭，遵循天子的做法。』

曾子问道：『大夫将要举行宗庙祭奠，俎、豆等祭品都已摆设好的时候，遇到哪几种情况就停止祭奠呢？』孔子答复说：『共有九种。』曾子问：『请问是哪九种呢？』孔子说：『那就是天子驾崩，王后去世，国君逝世，国君夫人去世，国君的太庙失火，日食，有服三年之丧，有齐衰之丧和有大功之丧，这九种情况下都应停止祭祀。如果遇到的不是同宗庙的外丧，只要是齐衰以下，都可接着祭祀。遇齐衰关系的外丧，而接着举行的祭祀，尸入室之后，三餐告饱，祝就不再劝饭，献酒尸，尸饮完不回敬主人，祭祀即告终结。遇大功关系的外丧而继续举办的祭祀，进行到「尸回敬主人」这一节停止。遇到小功或缌麻关系的亲戚，而参加祭祀的主人、主妇、宾长，只在室中献尸，堂中的宾尸礼不举行。士与大夫不同的地方是，尽管遇到有缌麻丧服关系的丧事，都不能举办祭祀，但是如果所祭祀的祖先与死亡的人没有丧服关系，那就能够照常举办祭祀。』

曾子问道：『身上戴着三年的孝，可以到别人家吊唁吗？』孔子说：『戴着三年的孝，即使到改服练冠时，仍不和大家站在一起，走在一起。君子是用礼来表现感情的，三年之丧的哀痛，哪有心情去哭别人？

如果没有心情而哀哭，不是虚假的吗？』

曾子问曰：『大夫、士有私丧，可以除之矣，而有君服[1]焉，其除之也如之何？』孔子曰：『有君丧，服于身，不敢私服，又何除焉？于是乎有过时而弗除也。君之丧服除而后殷祭，礼也。』曾子曰：『父母之丧弗除，可乎？』孔子曰：『先王制礼，过时弗举，礼也。非弗能勿除也，患其过于制也。故君子过时不祭，礼也。』

曾子问曰：『君薨既殡，而臣有父母之丧，则如之何？』孔子曰：『归居于家，有殷事则至君所，朝夕否。』曰：『君既启而臣有父母之丧，则如之何？』孔子曰：『归哭而反送君。』曰：『君未殡，而臣有父母之丧，则如之何？』孔子曰：『归殡，反于君所，有殷事则归，朝夕否。大夫，室老[2]行事，士则子孙行事。大夫内子、有殷事，亦之君所，朝夕否。』

贱不诔贵，幼不诔长，礼也。唯天子称天以诔之[3]。诸侯相诔，非礼也。

曾子问曰：『君出疆，以三年之戒，以椑[4]从。君薨，其入如之何？』孔子曰：『共殡服，则子麻弁绖、疏衰、菲、杖，入自阙，升自西阶。如小敛，则子免西从柩，入自门，升自阼阶。君、大夫、士，一节也。』

曾子问曰：『君之丧既引[5]，闻父母之丧，如之何？』孔子曰：『遂。既封而归，不俟子。』曾子问曰：『父母之丧既引及涂，闻君薨，如之何？』孔子曰：『遂。既封，改服而往。』

【注释】

①君服：为国君服丧。

②室老：大夫家中的总管。

③称天以诔之：天子最尊，无人敢诔。天子死后，臣要祭告上帝，以上帝的名义撰写诔文。

④椑（bì）：诸侯有三重棺，最内层叫椑。

⑤引：葬日把柩车拉往墓地。

【译文】

曾子问道：『大夫和士为自己亲属服丧，到了可以除丧的时候，又遇到国君死亡，必须为国君服丧，这时怎样除去私丧呢？』孔子说：『做臣子的有国君的丧服在身，就不敢再为自己的亲属服丧，还除什么丧呢？所以，在这种情况下有过了丧期而不脱去丧服的，为国君所服丧服除去以后，才能为自己的亲属举行小祥大祥等盛大的祭祀，这是正礼。』曾子又问：『为父母服丧，丧期限未到，而遇到国君去世而服丧，服丧完毕后，还要继续为父母服丧，补回应服丧的日子可以吗？』孔子说：『先王制定的礼仪，过了时限就不举行，这是合礼的。并不是不能脱掉丧服，而是担心超过礼的规定，所以君子不举行错过了时间的祭祀，这就是遵守礼法。』

曾子问道：『国君死，灵柩已入殡宫，臣子遇到父母的丧事，该怎么办呢？』孔子说：『臣子应该回家料理父母的丧事，并守丧。每逢初一、十五就到国君的殡宫参加祭奠，每天早晚的祭奠可以不去。』曾子又问：『国君的灵柩已启殡，准备入葬，这时臣子的父母死了，臣子该怎么办呢？』孔子说：『应先回家为父母哭泣致哀，然后再赶去为国君送葬。』曾子又问：『如果国君刚死，尚未入殡，而臣子的父母死了，臣子该怎么办呢？』孔子说：『应该回家料理丧事，父母入殡后再返回为国君守丧。每逢初一、十五就回家去祭奠，每天早晚不必回去祭奠。早晚的祭奠，大夫家里，由他的家臣代祭；士的家里，由子孙代祭。大夫的嫡妻每逢初一、十五也要到国君的殡宫参加祭奠，每天早晚不要去。』

地位低贱的人不能为高贵的人写诔文，晚辈不能为长辈作诔文，这是礼法所规定。只有天子去世后，臣子祭祀上帝，以上帝的名义作诔文。诸侯的地位相同，诸侯为诸侯作诔文是不合乎礼的，应由天子作诔。

曾子问道：『国君到国界外面去都要预备不测的后事，要随带内棺。如果真的死了，棺柩怎样运回来呢？』孔子说：『如果提供了从大殓至停殡期间的衣服，国君的儿子要头戴麻弁系麻绳带子，身穿齐衰丧服，脚穿草鞋，手拿丧杖，迎接灵柩。拆掉西侧的宫墙灵柩从阙口进入，从堂的西阶抬上殡宫。如果尸体是小殓后运回来的，他的儿子就用布条结住头发，跟着棺柩从大门进来。灵柩从主阶升堂。国君、大夫、士，遇到这样的情况，都用一样的礼节。』

曾子问道：『国君的灵柩已经从祖庙中拉出，臣子忽然听到父母之丧，该怎么办？』孔子说：『应该把国君的灵柩送到墓地，等到灵柩入土之后再回去料理丧事，不必等国君的儿子同回。』曾子又问：『父母的灵柩已经拉出，在运往墓地的途中，听到国君之丧，该怎么办？』孔子说：『也应把灵柩送到墓地，等入土之后，改换服装去宫中奔丧。』

曾子问曰：『宗子为士，庶子为大夫，其祭也如之何？』孔子曰：『以上牲祭于宗子之家。祝曰：「孝子某，为介子某荐其常事。」若宗子有罪居于他国，庶子为大夫，其祭也，祝曰：「孝子某，使介子某执其常事。」摄主不厌祭，不旅，不假，不绥祭，不配，布奠①于宾，宾奠而不举，不归肉。其辞于宾曰：「宗兄、宗弟、宗子在他国，使某辞。」』

曾子问曰：『宗子去在他国，庶子无爵而居者，可以祭乎？』孔子曰：『祭哉！』『请问其祭如之何？』孔子曰：『望墓而为坛，以时祭。若宗子死，告于墓，而后祭于家。宗子死，称名不言「孝」，身没而已。子游之徒，有庶子祭者，以此、若义也。今之祭者，不首其义，故诬于祭也。』

曾子问曰：『祭必有尸乎？若厌祭，亦可乎？』孔子曰：『祭成丧者必有尸，尸必以孙，孙幼则使人抱之，无孙则取于同姓可也。祭殇必厌，盖弗成也。祭成丧而无尸，是殇之也。』孔子曰：『有阴厌，有阳厌。』曾子问曰：『殇不祔祭，何谓阴厌、阳厌？』孔子曰：『宗子为殇而死，庶子弗为后也。其吉祭特牲，祭殇不举肺，无肵俎，无玄酒，不告利成，是谓阴厌。凡殇与无后者，祭于宗子之家，当室之白②，尊于东房，是谓阳厌。』

曾子问曰：『葬引至于堩③，日有食之，则有变乎？且不乎？』孔子曰：『昔者吾从老聃助葬于巷党，及堩，日有食之，老聃曰：「丘！止柩就道右，止哭以听变。」既明反，而后行，曰：「礼也。」反葬，而丘问之曰：「夫柩不可以反者也。日有食之，不知其已之迟数，则岂如行哉？」老聃曰：「诸侯朝天子，见日而行，逮日而舍奠。大夫使，见日而行，逮日而舍。夫柩不蚤出，不莫宿。见星而行者，唯罪人与奔父母之丧者乎？日有食之，安知其不见星也？且君子行礼，不以人之亲痁患。」吾闻诸老聃云。』

曾子问曰：『为君使而卒于舍，礼曰：「公馆复④，私馆不复。」凡所使之国，有司所授舍，则公馆已，何谓私馆不复也？』孔子曰：『善乎问之也！自卿大夫之家曰「私馆」，公馆与公所为曰「公馆」。公馆复，此之谓也。』

曾子问曰：『下殇土周葬于园，遂舆机⑤而往，涂迩故也。今墓远，则其葬也如之何？』孔子曰：『吾闻诸老聃曰：「昔者史佚有子而死，下殇也，墓远。召公谓之曰：『何以不棺敛于宫中？』史佚曰：『吾敢乎哉！』召公言于周公。周公曰：『岂不可？』史佚行之。」下殇用棺衣棺，自史佚始也。』

曾子问曰：『卿大夫将为尸于公，受宿矣，而有齐衰内丧，则如之何？』孔子曰：『出舍于公馆以待事，礼也。』孔子曰：『尸弁冕而出，卿、大夫、士皆下之，尸必式，必有前驱。』

子夏问曰：『三年之丧卒哭，金革之事无辟也者，礼与？初有司与？』孔子曰：『夏后氏三年之丧，既殡而致事，殷人既葬而致事。《记》曰：「君子不夺人之亲，亦不可夺亲也。」此之谓乎！』子夏曰：『金革之事无辟也者，非与？』孔子曰：『吾闻诸老聃曰：「昔者鲁公伯禽有为为之也。今以三年之丧，从其利者，吾弗知也。」』

【注释】

①布奠：主人向宾敬酒时，把酒放在笾、豆的北面。

②当室之白：指室之西北角。因为西北角有天窗可以透亮，故称。

③㮭（gèng）：道，路。

④复：招魂。

⑤舆机：抬尸体用的活动的床。舆，抬。

【译文】

曾子问：『假如宗子是士，而庶子是大夫，那家祭该如何做？』

孔子说：『就用大夫的祭牲（少牢），在宗子的家庙内祭奠，祝词说：「孝子某，为介子某在此举行日常的祭奠。」但假如宗子有罪，或宗子在外国，而庶子又是大夫的，那在祭奠时祝应说：「孝子某派介子某在此举办祭奠之礼。」但代宗子祭奠的人，不行阳厌祭仪，宾主之间不彼此敬酒，宾客不向主人祝祷，主人也不绥祭，不在致辞中说以父祖之妻配祀的话。代祭的主人只向宾客敬酒，而宾客只倒满酒杯而不回敬主人，主人也不给众人分赐祭肉。代祭的主人向众宾客最后说：「宗兄、宗弟、宗子在外国，他们派我向各位致谢。」』

曾子问道：『宗子有罪逃到他国，没有爵位的庶子还留在国内，可以祭祀祖先吗？』孔子答道：『可以祭的。』曾子又问：『请问该怎样祭呢？』孔子答道：『庶子可以在朝着祖先墓地的方向上筑坛，一年四季按时祭祀。如果宗子已死，则可以先到祖先墓地把情况禀告一番，然后在自己家中进行祭祀。因为宗子已经不在，所以祭祀就以自己的名义进行，但不得自称「孝」，直到身死为止。子游的那帮学生中，有以庶子身份祭祖的，就是照此道理办事。如今庶子的祭祀，根本就不明白这个道理，所以就成了胡闹乱来。』

曾子问：『祭宗庙必定有尸吗？如果是厌祭，也能够设尸吗？』孔子说：『成年人的丧祭必定有尸，尸必由孙子承担。孙幼小，则派人抱着。假如没有孙，则在同姓的孙辈中选一人。未成年人的丧祭，则用无尸之祭，因为还没成年所以也没有子孙。假如成年人的丧祭不设尸，那是把他视为未成年死亡了。』孔子又说：『无尸之祭，还有阴厌、阳厌的区别。』曾子问：『未成年而死，不能附于祖庙之四时之祭，为何还有阴厌、阳厌呢？』孔子说：『宗子未成年而死，或者庶子没有后嗣。为他举行祔祭时用特牲一牛，祭殇时因为没有尸，所以佐食者不举肺，俎上的肉食不用敬献给尸，没有玄酒，祝不用向主人报告供养尸的礼仪完成，这称为阴厌。凡是未成年而死与没有后嗣的人，都在家里祭祀，在西北角朝南设席而祭，并在东房设酒樽，（西北角正是阳光漏入之所），故叫作阳厌。」

曾子问道：『送葬，已经将灵柩运往路上，忽然遇到日食，那葬礼有变化吗？』孔子说：『从前我跟着老聃在巷党协助人家送葬，柩车已经在路上了，遇到日食，老聃喊道：「孔丘，快叫柩车停止，靠在路右边，叫大家停止哭泣，等候天象变化。」后来，太阳重新出来之后，柩车才继续前行。老聃说：「这样做是符合礼的。」等送葬回来，我问老聃：「灵柩既已出殡，是不可再返回去的，而日食现象，谁也不知道它消失得是快还是慢，还不如继续前行呢！」老聃说：「诸侯去拜见天子，太阳刚出来就上路，傍晚太阳未下山就留宿，祭祀随行的神主。大夫出使外国，也是日出而行，日落就休息。灵柩在路上也是相同，不能起早出门，不能天黑才留宿。披星戴月地赶路，只有逃犯和为父母奔丧的人才这样！遇见日食，不见阳光，怎么知道天上没有星星呢？假如继续前进，岂不与夜行相同吗？何况君子行礼，尽量不让别人的父母受到临近祸害的。」这是我从老聃那听说的。』

曾子问道：『奉国君的命令去往外国，不幸死在外国的馆舍里，礼书上说：「死在公家的馆舍能够招魂，死在私人的馆舍就不可招魂。」因此，凡是去往到别的国家，都由负责接待的人安置馆舍，当然就是公家的馆舍。怎么还有「死在私人馆舍不招魂」这种说法呢？』孔子说：『你这个问题问得好！使臣以私人的关系居住在卿大夫、士的家里就称为「私馆」。居住在公家所建造的馆舍里，以及由该国国君所安置的馆舍，就称为公馆。所谓「死于公馆能够招魂」就是指这种居所。』

曾子问道：『对八岁到十一岁死的孩子，用砖砌围住棺，用特制的机抬着死者前往，这是路近的缘故。

现在殇者的墓穴远，那么这种葬法该怎么办呢？』孔子说：『我从老聃那里听说：「以前史佚有个儿子死了，属于下殇，墓穴又远。召公对史佚说：「为什么不先在家中装殓之后再抬去？」史佚说：「我怎么敢那样做呢？」召公把这件事告诉周公旦。周公说：「难道不可以吗？」史佚于是就那样做了。葬下殇而用棺木成殓的规矩，是从史佚开始的。」』

曾子问道：『卿大夫将要为国君充当祭祀的尸，已经受命斋戒了，而家中却有齐衰之亲的丧事，那该怎么办？』孔子说：『那就去住在公馆里等待行礼，这是合乎礼的。』孔子说：『尸戴着弁或冕而去，卿大夫遇见了必须下车致敬，尸也必须凭轼答礼；尸出行必须有前驱开道。』

子夏问道：『服三年之丧卒哭祭后，服兵役之类的事，就不能逃避了，这是礼的规定呢？还是当初有关官吏要求这样的呢？』

孔子说：『夏后氏时三年之丧，停殡之后就退役，殷人是已葬之后就退役。所以《记》有句话说：「君子不剥夺人臣丧亲的悲伤之心，也不可剥夺自己的亲情。」就是说的这个吧？』子夏问：『那么战争之事不能躲避，这是不符合于礼仪吗？』孔子说：『我听老聃说：「以前鲁公伯禽做过这样的事。」如今征用服三年之丧的人从军攻伐以求利的，我不知道这是根据的什么礼。』

文王世子

文王之为世子，朝于王季日三。鸡初鸣而衣服，至于寝门外，问内竖之御者曰：『今日安否何如？』内竖曰：『安。』文王乃喜。乃日中又至，亦如之；乃莫又至，亦如之。其有不安节，则内竖以告文王。

文王色忧，行不能正履[1]，王季复膳，然后亦复初。食上，必在视寒暖之节；食下，问所膳。命膳宰曰：『末有原！』应曰：『诺。』然后退。

武王帅而行之，不敢有加焉。文王有疾，武王不说冠带而养，文王一饭亦一饭，文王再饭亦再饭。旬有二日乃间。

文王谓武王曰：『女何梦矣？』武王对曰：『梦帝与我九龄。』文王曰：『女以为何也？』武王曰：『西方有九国焉，君王其终抚诸。』文王曰：『非也。古者谓年龄，齿亦龄也。我百，尔九十。吾与尔三焉。』文王九十七乃终，武王九十三而终。

成王幼，不能莅阼，周公相，践阼而治。抗世子法于伯禽，欲令成王之知父子、君臣、长幼之道也。成王有过，则挞伯禽，所以示成王世子之道也。

凡学世子及学士，必时。春、夏学干戈，秋、冬学羽籥，皆于东序。小乐正学干，大胥赞之；籥师学戈，籥师丞赞之。胥鼓南。春诵夏弦，大师诏之；瞽宗[2]秋学礼，执礼者诏之；冬读书，典书者诏之。礼在瞽宗，书在上庠。

凡祭与养老乞言、合语之礼，皆小乐正诏之于东序。大乐正学舞干戚。语说[3]，命乞言，皆大乐正授数，大司成论说在东序。凡侍坐于大司成者，远近间三席。可以问，终则负墙，列事未尽，不问。

凡学，春，官释奠于其先师，秋、冬亦如之。凡始立学者，必释奠于先圣、先师，及行事，必以币。凡释奠者，必有合也。有国故[4]则否。凡大合乐，必遂养老。

凡语于郊者，必取贤敛才焉。或以德进，或以事举，或以言扬。曲艺皆誓之，以待又语。三而一有焉，乃进其等，以其序，谓之『郊人』⑤，远之于成均，以及取爵于上尊也。始立学者，既兴器用币，然后释菜，不舞不授器。乃退，傧于东序，一献，无介、语可也。

【注释】

①正履：正常的步伐。

②瞽宗：本为殷代学校名，周作为太学四学之一。

③语说：相互敬酒饮酒时议论的言辞。

④国故：国家有了事故，如战争灾荒等凶事。

⑤郊人：指不立即任用，带有候补性质。郊人不得与贤能之士同称俊士。

【译文】

文王为太子的时候，每天三次到他父亲王季那里去请安。第一次是鸡打鸣就穿好了衣服，到达父王的寝门外，问值班的小臣：『今天父王的一切都安好吧？』小臣回答：『一切安好。』听到这样的回答，文王就满脸喜色。第二次是中午，第三次是傍晚，请安的礼仪都和第一次一样。如果王季身体欠安，小臣就会向文王汇报。文王听说之后，就满脸忧愁，连行路都不能正常地迈步。王季的饮食恢复如初，然后文王的神情才能恢复正常。每顿饭端上来的时候，文王必定要亲自观察饭菜的冷热。每顿饭撤下去的时候，文王必定要问吃了多少。同时交代掌厨的官员：『吃剩的饭菜不要再端上去。』听见对方回答『是』，文王才安心地离开。

武王为太子时，就以文王做太子时的做法为榜样，不敢有所增加。文王如果有病，武王就头不脱冠、衣不解带地日夜侍奉。文王吃一口饭，武王也吃一口饭；文王吃两口饭，武王也就跟着增多两口饭。就像这样地过了十二天以后，文王的病也就恢复了。

文王对武王说：『你梦见过什么？』武王回答说：『我梦见上天给我九个牙齿。』文王说：『你认为是什么意思呢？』武王说：『西方有九个国。您大约最终要获得它们了。』文王说：『不是这样。古时称年龄为年齿，齿也是龄的意思，你梦见九齿，应获寿九十岁。我百岁你九十，我给你三岁吧。』果然，后来文王活到九十七岁，武王活到九十三岁。

成王小时候，不能临朝治理政事。周公辅佐他，暂居天子之位而统治天下。周公把举用给世子的礼规，施用到自己儿子伯禽身上。以伯禽为模范，让成王懂得父子君臣长幼的道理。成王有了错，周公就打伯禽，用这种方法告诉成王做世子的道理。

凡是教导世子和学士，一定要按四时进行。春季、夏季教他们以干戈为舞具的武舞，秋季、冬季教他们以雉羽和籥为舞具的文舞。教学的地点全是在东序南夷。小乐正教执干舞，由大胥帮助他；籥师教执戈舞，籥师丞帮助他。由大胥敲鼓伴舞，用的是南夷的乐曲。春天诵读诗歌，夏天用弦乐演奏诗歌，这两项全是由乐官大师来教；秋天瞽宗进行礼的教导，由负责礼官的官员来教；冬季教读书，由负责典籍的官员来教。在瞽宗学礼，在上庠学书。

凡是学校举办祭祀和养老礼中向老人求教善言、旅酬时交谈议论的礼仪，都由小乐正在东序进行教导。大乐正教以干戚为舞具的舞蹈，合语、乞言，都是由大乐正规定学习的篇目，由大司成教授在东序对世子及学士的言辞和表现予以考评。凡是侍坐大司成旁，其坐席和大司成之间要相隔三席的距离。不懂的能够向大司成提问，但问完之后，就要急忙退到靠墙的位置上。如果大司成正在商谈事情还没有结束，就不可打断他的话而提问。

凡是开学，在春季由掌教的官员举行释奠礼，祭先师。秋季冬季也行释奠礼。如诸侯国始创建学校，一定以释奠礼祭祀先圣和先师。在行释奠礼时用币帛。凡行释奠礼，一定要合乐，如国家有战争灾荒等事故，则不用合乐。凡遇举行大规模的合乐之时，同时举行养老之礼。

凡是到乡学对学士进行考课评议的人，一定要进行选取贤德和收罗人才的工作。有的因品德优异获得录取，有的因理政通达获得录取，有的因善于言辞应对而获得录取。对于懂得医卜等技艺的人都对他们一一加以勉励，要他们不要放松对技艺的学习提高，以便等待下一次考课评议。他们中凡德、行、政事、言语三项中有一项专长的，就晋升等第加以拔擢，按其能力高低排列次序并称他们为『郊人』，他们不能进入大学，也不能在乡饮酒礼中充当宾、介，不能酌酒于堂上。刚开始建立学校的时候，要将新制作的礼乐器具涂上牲血，用币帛祭先圣、先师报告礼乐器具做成，然后举行释菜礼祭祀先圣、先师，没有舞蹈，也不用舞具。礼毕，在东序举行一献之礼，没有傧相，不用合语。

凡三王教世子，必以礼乐。乐，所以修内也；礼，所以修外也。礼、乐交错于中，发形于外，是故其成也怿[①]，恭敬而温文。立大傅、少傅以养之，欲其知父子、君臣之道也。大傅审父子、君臣之道以示之，少傅奉世子以观大傅之德行而审喻之。大傅在前，少傅在后，入则有保，出则有师，是以教喻而德成也。师也者，教之以事而喻诸德者也；保也者，慎其身以辅翼之而归诸道者也。《记》曰：『虞、夏、商、周、有师、保，有疑、丞，设四辅及三公，不必备，唯其人。』语使能也。君子曰德，德成而教尊，教尊而官正，官正而国治。君之谓也。仲尼曰：『昔者周公摄政，践阼而治，抗世子法于伯禽，所以善成王也。闻之曰：「为人臣者，杀其身有益于君则为之。」况于其身以善其君乎？周公优为之。』是故知为人子，然后可以为人父；知为人臣，然后可以为人君；知事人，然后能使人。成王幼，不能莅阼，以为世子则无为也。是故抗世子法于伯禽，使之与成王居，欲令成王之知父子、君臣、长幼之义也。君之于世子也，亲则父也，尊则君也。有父之亲，有君之尊，然后兼天下而有之。是故养世子不可不慎也。行一物而三善皆得者，唯世子而已，其齿于学之谓也。故世子齿于学，国人观之，曰：『将君我而与我齿让，何也？』曰：『有父在，则礼然。』然而众知父子之道矣。其二曰：『将君我而与我齿让，何也？』曰：『有君在，则礼然。』然而众著于君臣之义也。其三曰：『将君我而与我齿让，何也？』曰：『长长也。』然而众知长幼之节矣。故父在斯为子，君在斯谓之臣，居子与臣之节，所以尊君亲亲也。故学之为父子焉，学之为君臣焉，学之为长幼焉，父子、君臣、长幼之道得而国治。语曰：『乐正司业[②]，父师司成，一有元良，万国以贞。』世子之谓也。

庶子之正于公族者，教之以孝弟、睦友、子爱，明父子之义，长幼之序。其朝于公，内朝则东面北上，臣有贵者以齿。庶子治之，虽有三命，不逾父兄。其在外朝，则以官，司士为之。其在宗庙之中，则如外朝之位，宗人授事，以爵以官。其登馂、献、受爵，则以上嗣。

其公大事，则以其丧服之精粗[③]为序。虽于公族之丧亦如之，以次主人。若公与族燕，则异姓为宾，膳宰为主人，公与父兄齿。族食，世降一等。

其在军，则守于公祢。公若有出疆之政，庶子以公族之无事者守于公宫，正室守大庙，诸父守贵宫、贵室，诸子诸孙守下宫、下室。

五庙之孙，祖庙未毁，虽为庶人，冠、取妻必告，死必赴，练、祥则告。族之相为也，宜吊不吊，宜免不免，有司罚之。至于赗、赙、承、含，皆有正焉。

公族，其有死罪，则磬于甸人④。其刑罚，则纤剸，亦告于甸人。公族无宫刑，狱成，有司谳于公。其死罪，则曰：『某之罪在大辟。』其刑罪，则曰：『某之罪在小辟。』公曰：『宥之。』有司又曰：『在辟。』公又曰：『宥之。』有司又曰：『在辟。』及三宥，不对，走出，致刑于甸人。公又使人追之，曰：『虽然，必赦之。』有司对曰：『无及也。』反命于公。公素服，不举，为之变，如其伦之丧，无服，亲哭之。

公族朝于内朝，内亲也。虽有贵者以齿，明父子也。外朝以官，体异⑤姓也。宗庙之中，以爵为位，崇德也。宗人授事以官，尊贤也。登馂，受爵以上嗣，尊祖之道也。丧纪以服之轻重为序，不夺人亲也。公与族燕则以齿，而孝弟之道达矣。其族食，世降一等，亲亲之杀⑥也。战则守于公祢，孝爱之深也。正室守大庙，尊宗室，而君臣之道著矣。诸父诸兄守贵室，子弟守下室，而让道达矣。

【注释】

①怿（yì）：和顺。

②司业：负责学业。业，指《诗》《书》《礼》《乐》等课业。

③精粗：丧服精或粗是按亲疏关系不同而有别的，以精粗为序即是以亲疏的关系为序。

④磬：指吊死，有如后来的绞刑。甸人：掌郊野之官。死罪的执行，非公族在市朝，公族及有爵者在

郊野。

⑤体：连结为一体。

⑥杀：差。

【译文】

夏商周三代的国君在教育世子时，一定要用礼乐。乐，可以陶冶性情；礼，可以规范人的仪态仪容。礼乐互相渗透于心，表现于外，其结果就能使世子成就和顺喜乐之心，养成外貌恭敬而又有温文尔雅的气质。设立太傅、少傅来培养世子，目的是要让他知道父子、君臣的关系该如何相处。太傅的责任是把父子、君臣之道讲说明白并且身体力行做出榜样，少傅的责任是把太傅所讲的、所做的给世子仔细分析使之领会。太傅在前，少傅在后，入宫有保，出宫有师，这样教导世子让他明了，世子的美德也就容易培养成功。师的责任，是把古人的行事说给太子听，并分析其善恶得失，使太子懂得择善而从。保的责任，是谨言慎行地护卫世子的安全，以身作则，以此来影响世子，从而使世子的一言一行都合乎规范。古《记》上说：『虞夏商周四代，有师、保、疑、丞作为太子的辅佐。设立四辅及三公之官，不一定全套都设，有合适的人选则设，否则就不设，宁缺毋滥。』这话的意思是说设官必须任能。君子说道德非常重要，道德养成后则教导尊严，教导尊严后为官就廉正，为官廉正则国家大治。这是指世子有朝一日为君而言的。仲尼说：『从前周公代替成王处理国事，治理天下，把教育世子的一套规定搬了出来，要求自己的儿子伯禽在陪伴成王时做到，这是为了使成王养成好的品德。听人说：「作臣子的，如果牺牲自己但却能为国君带来好处，这样的事就值得做。」何况只是光大自身而使国君从中得到好处呢？周公自然是乐于这样做的。』所以，懂得了如何做人的儿子，然后才可以做人的父亲；懂得了如何做人的臣子，然后才可以做人们的国君；懂得了如何侍奉他人，然后才能使唤他人。成王年幼，不能即位，把他作为世子来培养，又无法施行父王的礼法。所以周公才把教育世子的一套礼法施行于伯禽，要求本来不是世子的伯禽遵守，让伯禽整天和成王在一起生活，就是想叫成王懂得父子、君臣、长幼的道理。国君和世子的关系，从血缘来讲是父亲，从尊卑来讲是国君，既有为父之亲，又有为君之尊，然后才能统治天下，由此可见，培养世子不可不慎重。做一件事情而能同时得到三个好的结果，只有世子一人能做到，这是指世子在太学里不摆架子，不自命不凡，而是按年龄大小来排序。世子在太学中按年龄大小排序，国人看到后，说：『世子是我们未来的国君却与我们按年龄排序，如此谦让是为什么呢？』回答是：『世子有父在就礼当如此。』于是众人也就懂得父子之道了。这是第一个好结果。第二个，有人会问：『世子是我们未来的国君却与我们按年龄排序，如此谦让是为什么呢？』回答是：『世子在有国君在的时候就礼当如此。』于是众人也就明白君臣之义了。第三个，还有人会问：『世子是我们未来的国君却与我们按年龄排序，如此谦让是为什么呢？』回答是：『年幼者应当尊敬年长者。』于是众人也就明白长幼之间的礼节了。所以说，父在，世子就是儿子；君在，世子就是臣子，世子具有儿子和臣子的双重身份，所以他既要尊敬国君，也要热爱父亲。所以要教育他如何处理好父子关系，如何处理好君臣关系，如何处理好长幼关系。父子、君臣、长幼的关系处理得好，然后国家才可以得到治理。古人有这样一句话：『乐正负责教授世子的学业，大司成负责世子的道德培养，一人贤良，天下便会得到太平。』说的就是世子。

庶子掌管国君族人的政事，用孝悌、睦友、慈爱来教育王族子弟，明了为父为子的道理，为长为幼的秩序。族人朝见国君，如在内朝，就面朝东以北为上位，遇到朝中贵臣，按年龄大小排列位次。庶子负责排列公族中人的位次，即使有三命之贵，也不可超越他父兄的位次。如在外朝，就按官爵大小就朝位，由司士掌管这件事。如果在宗庙之中，就像在外朝的位置一样。祭祀时由宗人分派职务，按爵位、官位的大小为标准，登堂分食祭后的食品，向尸献酒，接受尸的献酒，就由嫡长子去做。

国君有丧事，就按服丧所规定的亲疏关系的远近排序，即使公族中的丧事也照此办理，按照亲疏关系排列在主人之后的位置。如国君和族人一同宴饮，那么异姓的人算宾客，以膳宰充作主人，国君和父兄按年龄就位。国君与族人一同饮食，按亲疏关系递减。

庶子在军中，就负责守卫迁主。国君如有政事出国，庶子就率领公族中没有担任公职的人守卫王宫，嫡子们守卫太宙，同宗族伯叔守卫四亲庙与路寝，同宗族的子孙守卫别庙与燕寝。

诸侯五庙祖先的子孙，凡祖庙还没迁毁，即使成为平民，遇到举行冠礼或娶妻必须通告，死了人，必须发赴告国君，练祭和大祥之祭也要报告。公族之间相处，应该吊丧不去吊，吊丧时该袒露左臂，用白布束发的却不袒臂，不束发，主管公族的官吏要责罚这些人。至于赠送丧主车马、财帛、衣物，都按正式的礼仪规定实行。

国君的族人如果犯有死罪，则交付甸人将其绞死。国君的族人如果犯有刑罪，或刺面或割鼻或膑足，也告于甸人由其执行。国君的族人犯罪，不适用宫刑，这是为了不绝其类。案件判决之后，有关官吏向国君请示，如果所犯是死罪，就说：『族人某某所犯之罪属于死刑罪。』如果所犯是肉刑罪，就说：『族人某某所犯之罪属于一般的刑罚。』呈报判定死罪时国君说：『饶了他吧。』有关官吏则回答：『法不容恕。』

国君又说：『饶了他吧。』有关官吏也照旧回答：『法不容恕。』等到国君第三次求情，有关官员就不再回答，径自走出，将犯人交付甸人行刑。国君又派人追来，传命说：『即令有罪，也一定要赦免他。』有关官员回答说：『已经来不及了。』行刑之后，报告国君。国君为其改穿素服，取消盛馔，并依照与死者亲疏关系应有的礼数，为之改变日常生活。但因其有辱祖宗，所以不为之穿孝，而亲哭之于异姓之庙。

公族在路寝门内拜见国君，表示宗族内部的亲情。尽管有地位高贵的人也依年龄为尊卑，此为表示父子之道。国君在外朝接待官员，并以官位的高低为序，这是表示异姓为一体。在宗庙之内，又以爵位为序，这是重视德行。宗族以内分派祭奠事务又以官位高低为先后，这是为了重视贤能。祭祖分赐祭品，接纳尸的敬酒，都以嫡长为主，显示对祖宗的敬重。丧事以丧服的轻重为序，表现不剥夺人们的亲情。国君与族人宴饮，以年龄为座位顺序，这样孝悌之道就表现出来。国君与族人饮食，按照亲疏关系每世递降一等，显示亲情以远近为差别。战争公族就要守护在父庙中，显示孝子爱亲的深情。国君出征，公族守卫太庙，表示对嫡长子的尊敬，而且君臣的道义也由此表示。本族的父辈、兄弟辈守卫四代亲庙，子侄辈守护国君燕寝，谦让之道由此显现。

五庙之孙，祖庙未毁，虽及庶人，冠、取妻必告，死必赴，不忘亲也。亲未绝而列于庶人，贱无能也。敬吊、临、赙、赗，睦友之道也。古者庶子之官治而邦国有伦，邦国有伦而众乡方矣。公族之罪，虽亲，不以犯有司正术也，所以体百姓也。刑于隐者，不与国人虑兄弟也。弗吊，弗为服，哭于异姓之庙，为忝①祖，远之也。素服居外，不听乐，私丧之也，骨肉之亲无绝也。公族无宫刑，不翦其类也。

天子视学，大昕鼓征②，所以警众也。众至，然后天子至，乃命有司行事，兴秩节，祭先师、先圣焉。有司卒事反命，始之养也。适东序，释奠于先老，遂设三老、五更、群老之席位焉。适馔省醴，养老之珍具，遂发咏焉。退，修之以孝养也。反，登歌《清庙》，既歌而语，以成之也。言父子、君臣、长幼之道，合德音之致，礼之大者也。下，管《象》，舞《大武》，大合众以事，达有神，兴有德也。正君臣之位，贵贱之等焉，而上下之义行矣。有司告以乐阕，王乃命公、侯、伯、子、男及群吏曰：『反，养老幼于东序。』终之以仁也。

是故圣人之记事也，虑之以大，爱之以敬，行之以礼，修之以孝养，纪之以义，终之以仁。

是故古之人一举事而众皆知其德之备也。古之君子，举大事必慎其终始，而众安得不喻焉？《兑命》曰：『念终始典于学。』

《世子之记》曰：朝夕至于大寝之门外，问于内竖曰：『今日安否何如？』内竖曰：『今日安。』世子乃有喜色。其有不安节，则内竖以告世子，世子色忧，不满容。内竖言：『复初』，然后亦复初。朝夕之食上，世子必在视寒煖之节；食下，问所膳羞，必知所进，以命膳宰，然后退。若内竖言『疾』，则世子亲齐玄而养。膳宰之馔，必敬视之；疾之药，必亲尝之。尝馔善，则世子亦能食，尝馔寡，世子亦不能饱。以至于复初，然后亦复初。

【注释】

①忝：辱。

②大昕：天刚亮。征：征召，召集。

【译文】

同一高祖的子孙，如祖庙仍然存在，即使已沦为平民，行冠礼、结婚一定要禀告国君，死丧一定要赴告国君，这是表示不忘记亲属关系。与国君的亲属关系还没有断绝，但已降为平民，这表示国君轻视无能的人。同族之人有死丧，国君亲临吊问并赠送车马财帛助葬，这表示与同族人和睦友好。古代只要担任官职的庶子如果能治理得当，这样国内人与人的关系就非常顺当；国内人与人的关系顺当，众人都趋向于礼义了。国君同族人有罪，即使是至亲也不能因此干扰司法的工作，这是正确贯彻法令，并且以此说明本族的人和其他百姓在法律面前都是一样的。将族中犯罪的交给甸人在隐蔽的地方行刑，这是不让国人为自己的兄弟忧虑担心。不到受死刑的家中吊问，不为他穿丧服，只哭于异姓的宗庙，因为他侮辱了祖宗，不将他当作同族人看待。国君穿白色的衣服，居住在外寝，不听音乐，暗中以丧礼对待被处死的同族人，因为骨肉的至亲关系并没有断绝。对国君同族人不处以宫刑，是为了不断绝他的后代。

天子视察大学这一天，天刚亮就敲起集合的鼓声，好让学生们快速起床。学生们到齐之后，等候天子驾临，于是命令有关官员开始办事，举行日常的礼仪，祭奠先圣先师。有关官员把这些事情办完后向天子报告，天子这才动身到举办养老典礼的会场。天子来到东序，行释奠礼设置酒食奠祭先老，然后就安置三老、五更、群老的席位。天子亲自检查看酒醴，询问孝敬老人的各种美味是否完备。当这一切完备之后，于是奏乐迎接被养的贵宾。天子退下，给老人献之以醴酒表示孝养。天子再升堂返位，学生们登堂歌唱《清庙》。歌毕，贵宾们畅所欲言，谈听歌的感受，以成就天子养老的重要作用。贵宾的发言，都是围绕着父子、君臣、长幼之道，以验证《清庙》之歌的深刻含义，这是养老礼中最重要的环节。堂下管乐队演奏《象》曲，舞蹈队跳着《大武》的舞蹈，集合大批的学生一起演奏，以表示周之灭商，是天命神授，文王、武王有德当兴。确定了君臣之位、贵贱之等，上下的关系就容易处置了。等到有关官员汇报演奏完毕，天子就要求与会的公侯伯子男诸侯及百官：『你们回去后也要在东序举办养老之礼。』天子以仁义之心节束了这场养老之礼。

因此，圣人的记载养老之事，是从大处着眼，爱老敬老，以典礼的形式进行，极尽其孝养的能事，不仅记载的都合乎义理，而且末了还显现了天子的大恩大德。

因此，古人举办一次大的典礼，众人能够从中看出他的无德不备。古时的君子，举办大的典礼，从头到尾都极其慎重，如此一来，众人怎会不理解君子的养老之德呢？《说命》中说：『要始终牢记学校这个礼仪之地。』

《世子之纪》说：太子每天早晚都要到他父亲的寝门外面，向内竖问道：『今天王安好吗？身体怎么样？』内竖说：『今天王安好。』于是太子脸上就有喜色。如果王有点不舒服，那么内竖就把这个情况报告给太子，太子脸色便出现了忧愁，表情失常。直到内竖说：『恢复正常了。』然后太子才恢复常态。每天早晚饭食端上来，太子必定在场，察看冷热的程度。饭食端下来时，太子要问吃的什么食物，一定要知道进什么膳食，以便吩咐给膳宰不能将吃过的食物再进献，然后才退出。如果内竖说父王有病了，太子亲自斋戒，穿玄色衣服亲自侍候父王。膳宰做的食物，太子必定细心检视，治病的药物，必定亲口尝一尝。父王吃饭比之前多了，那么太子也就能多吃一点儿，如果吃得少了，太子也跟着吃得少了。一直到父王恢复原状，然后太子也就恢复了正常的生活。

礼运

昔者仲尼与于蜡宾，事毕，出游于观之上，喟然而叹。仲尼之叹，盖叹鲁也。言偃在侧，曰：『君子何叹？』孔子曰：『大道之行也，与三代之英，丘未之逮也，而有志焉。大道之行也，天下为公。选贤与能，讲信修睦，故人不独亲其亲，不独子其子，使老有所终，壮有所用，幼有所长，矜寡孤独废疾者皆有所养。男有分，女有归。货恶其弃于地也，不必藏于己；力恶其不出于身也，不必为己。是故谋闭而不兴，盗窃乱贼而不作，故外户而不闭。是谓大同。

『今大道既隐，天下为家，各亲其亲，各子其子，货力为己，大人世及以为礼。城郭沟池以为固，礼义以为纪；以正君臣，以笃父子，以睦兄弟，以和夫妇，以设制度，以立田里，以贤勇知，以功为己，故谋用是作，而兵由此起。禹、汤、文、武、成王、周公，由此其选也。此六君子者，未有不谨于礼者也。以著其义，以考其信，著有过，刑①仁讲让，示民有常。如有不由此者，在埶者去，众以为殃。是谓小康。』

言偃复问曰：『如此乎礼之急也？』孔子曰：『夫礼，先王以承天之道，以治人之情，故失之者死，得之者生。《诗》曰：「相鼠有体，人而无礼。人而无礼，胡不遄②死？」是故夫礼必本于天，殽于地，列于鬼神，达于丧、祭、射、御、冠、昏、朝、聘。故圣人以礼示之，故天下国家可得而正也。』

言偃复问曰：『夫子之极言礼也，可得而闻与？』孔子曰：『我欲观夏道，是故之杞，而不足征也，吾得《夏时》焉。我欲观殷道，是故之宋，而不足征也，吾得《坤乾》焉。《坤乾》之义，《夏时》之等，吾以是观之。』

『夫礼之初，始诸饮食，其燔黍捭豚，污尊而抔饮，蒉桴而土鼓，犹若可以致其敬于鬼神。及其死也，升屋而号，告曰：「皋某复。」然后饭腥而苴孰，故天望而地藏也。体魄则降，知气在上，故死者北首，生者南乡，皆从其初。昔者先王未有宫室，冬则居营窟，夏则居橧巢。未有火化，食草木之实，鸟兽之肉，饮其血，茹其毛；未有麻丝，衣其羽皮。后圣有作，然后修火之利，范金，合土，以为台榭、宫室、牖户；以炮以燔，以亨以炙，以为醴酪③；治其麻丝，以为布帛。以养生送死，以事鬼神上帝，皆从其朔。故玄酒在室，醴、醆在户，粢醍在堂，澄酒在下。陈其牺牲，备其鼎、俎，列其琴、瑟、管、磬、钟、鼓，修其祝、嘏，以降上神与其先祖，以正君臣，以笃父子，以睦兄弟，以齐上下，夫妇有所。是谓承天之祜。作其祝号，玄酒以祭，荐其血、毛，腥其俎，孰其殽。与其越席，疏布以幂，衣其浣帛；醴、醆以献，荐其燔、炙。君与夫人交献，以嘉魂魄。是谓合莫。然后退而合亨，体④其犬豕牛羊，实其簠、簋、笾、豆、铏羹，祝以孝告，嘏以慈告。是谓大祥。此礼之大成也。』

孔子曰：『於呼哀哉！我观周道，幽、厉伤之，吾舍鲁何适矣？鲁之郊、禘，非礼也。周公其衰矣！杞之郊也，禹也；宋之郊也，契也。是天子之事守也。故天子祭天地，诸侯祭社稷。』

『祝、嘏莫敢易其常古，是谓大假。祝、嘏辞说，藏于宗、祝、巫、史，非礼也。是谓幽国。醆、斝及尸君，非礼也。是谓僭君。冕、弁、兵、革藏于私家，非礼也。是谓胁君。大夫具官，祭器不假，声乐皆具，非礼也。是谓乱国。故仕于公曰「臣」，仕于家曰「仆」。三年之丧，与新有昏者，期不使。以衰裳入朝，与家仆杂居齐齿⑤，非礼也。是谓君与臣同国。故天子有田以处其子孙，诸侯有国以处其子孙，大夫有采以处其子孙。是谓制度。故天子适诸侯，必舍其祖庙，而不以礼籍入，是谓天子坏法乱纪。诸侯非问疾吊丧，而入诸臣之家。是谓君臣为谑。』

『是故礼者，君之大柄也。所以别嫌明微，傧鬼神，考制度，别仁义，所以治政安君也。故政不正则君位危，君位危则大臣倍，小臣窃。刑肃而俗敝，则法无常，法无常而礼无列。礼无列，则士不事也。刑肃而俗敝，则民弗归也。是谓疵国。』

【注释】

①刑：效法。

②遄（chuán）：迅速。

③醴：甜酒。酪：醋浆。

④体：区分牲体的不同部位。

⑤齐齿：不分尊卑上下，平等而并列。

【译文】

以前，孔子曾作为来宾参加蜡祭，祭毕，孔子出来到宫门外的高台上散步，禁不住感慨而叹。孔子的感叹，当是叹息鲁君的失礼。

言偃在一旁问道：『老师为何叹气呢？』孔子说：『大道推行的时代，和夏商周三代卓著君主在位的时代，我没有赶得上，而心中深怀向往。大道推行的时代，天下是公共的，大家选举有道德有才能的人为领导，彼此之间注重信誉，相处和睦。因此人们不只把自己的亲人当作亲人，不只把自己的子女当作子女，使老年人都能安度晚年，壮年人全有工作可做，年幼的人都能健康成长，鳏寡孤单和残废有病的人都能得到照顾与供养。男子都有职业，女子都适时而嫁。对于财物，人们只是不肯让它白白地扔在地上，倒不一定非占有收藏；对于力气，人们只怕有能力却没有用出来，尽力倒不一定是为了自己。因此钩心斗角的事不能兴起，明抢暗偷作乱害人的现象消失。所以，门户只需从外面带上而不需用闩上锁。这就称为大同。』

『现在，大同社会的标准已经被破坏了，天下成为一家所有，人们各自亲其双亲，各自爱其子女，恐怕财物不归自己所有，气力则恐怕出于己身。天子、诸侯的宝座，兴起父传于子，兄传于弟。内城外城加上护城河，这被作为防御设施，把礼义当作根本大法；用来规范君臣关系，用来使父子关系亲近，用来使兄弟和睦，用来使夫妇和谐，用来设置制度，用来确立田地和住宅，用来表扬有勇有智的人。由于成就功业都是为了自己，因此，钩心斗角的事就随之出现，兵戎相见的事也因此发生。夏禹、商汤、周文王、武王、成王、周公，就是用礼仪来治国的英才。这六位君子，没有一个不是把礼视为法宝，用礼来表扬正义，考察诚信，指明过错，仿效仁爱，讲究礼让，向百姓展现一切都是有规可循。如有不按礼办事的，当官的要被免职，民众都把他视为祸害。这就是小康。』

言偃又问道：『礼果真这样急需吗？』孔子说：『礼，是先代君王秉承天道用来治理人的行为，所以失去礼的就将死，遵循礼的就可以生存。《诗》说：「看那只老鼠还有个形，人却没有人的礼。如果人没有礼，为什么不快点去死？」由此看礼，必须依据着天理，效法于地理，取法于鬼神，而贯彻于丧事、祭祀、射箭、乡饮酒礼、冠礼、婚礼、朝觐、聘问等礼仪中。因此圣人就用礼来昭示天理人情，天下国家才能做到合乎规范。』

言偃又问道：『老师这么极力推崇礼，可以讲讲让我听听吗？』孔子说：『我曾想看看夏朝的礼，因此到杞国去，但无法得到证验了，我只得了他们的历书《夏时》。我想看看殷朝的礼，所以到宋国去，但也是无法得到证验，我只得到他们的易书《坤乾》。《坤乾》中体现了事物变化的义理，《夏时》中记载了四时运转的程序，我就据此来考察夏、殷时代的礼。

『礼最初是以饮食为开始的。把淘洗的黍米和猪肉放在石上烧烤熟，在地上凿坑蓄酒用手捧着来喝，并抟土做鼓槌来敲打土做的鼓，以此来敬重鬼神。到死了人的时候，就登上屋顶，拉长呼号的声音对天祈告：「某，你回来吧！」然后，把生米含在死者嘴里，用草包裹着熟肉以送死者出殡。因此，望天招魂，葬地埋尸，身体虽埋葬地下，精魂却在天上。死了的人头朝北而埋葬，活着的人朝南而安居，这是从最初时世袭下来的。古代先王没有宫室，冬天就居住在垒土而成的窟穴中，夏天就居住在树上聚薪而成的巢室中。没有当时还不会用火熟食，就生吃草木的果实和鸟兽的肉，喝动物的血，连同它们的皮毛一起吞食下去。没有麻和丝，就用鸟兽羽毛和兽皮遮身。后来圣人出现，然后教人用火制作模型来铸造金属器具，和合泥土来烧制器材，用来建造台榭、宫室、窗子和门户；用火来烧、烤、煮食物，用火来酿制醴酒、醋浆。生产麻和丝，用来织成布帛，以此来供养活着的人，料理死人丧事或祭祀鬼神上帝。后世的生活方式和礼节，都是沿袭上古最初的做法。因此祭祀时玄酒应放在室中最尊的地位，醴和醆放在室门边，粢醍放在行礼的堂上，而澄酒要放在堂下。把祭牲陈列，备齐鼎俎等器物，又把琴、瑟、管、磬、钟、鼓等乐器陈列，精心修制飨神之辞和神佑之辞，用来祈求天神和先祖的降临，通过祭祀中的各种礼仪来规范君臣关系，使父子感情笃厚，使兄弟友爱亲睦，整齐上下关系，使夫妇各有所职，这就称为上天的赐福。制作祝词中的种种美称，用玄酒来祭祀，进献祭牲的血、毛及盛生肉的俎，又进献半熟的牲肉，铺设蒲席，且粗布覆盖酒樽，身穿用新帛制作的祭服，向尸进献醴酒和醆酒，捧上烤肉和烤肝。国君和夫人相互交替献酒，使祖先灵魂得到欢娱，这就叫子孙和祖先的灵魂在冥冥之中相会。然后把祭祀中各种半生不熟的牲肉退下并合在一起烹煮，煮熟后再进一步区分犬豬牛羊牲体，盛放在俎上，并将簠、簋、笾、豆和盛羹汤的铏分盛食物，祝词把主人的孝顺祭告祖先，嘏辞把神的祝福传达主人，这称作大祥，这也是祭礼圆满告成的了。』

孔子说：『这是多么可悲啊！我视察周朝治理天下之道，被幽王和厉王破坏了，如果我放弃鲁国，我将去向何处呢？鲁国如今举行的郊禘之礼，不合乎礼。周公创制的礼到他之后就衰败了！杞国的祭天之礼祭的是禹，宋国的祭天之礼祭的是契：这是以前的天子的祭礼而子孙应当继续遵循。因此只有天子才有权祭祀天地。诸侯只能祭奠本国的土地神和谷物之神。』

『祝词和嘏词不能变化沿用的常规，这叫作大福。把祝词和嘏词的礼文放在宗、祝、巫、史那里，不合乎礼。这叫作幽暗不明。醆、斝是天子用的酒器，现在诸侯用来向尸君献酒，不合乎礼，这叫作僭礼之君。冕弁是国君的礼服，兵器、甲胄是国君的装备，现在却藏于大夫的家中，不合乎礼，这令国君遭劫迫被威胁。大夫家中有执事官吏。祭器齐备不需向人借用，声乐器具齐全，不合乎礼，这叫作乱礼之国。因此，为国君效力的官称为臣，为士大夫效力的称为仆。为父母服丧三年的臣和新结婚的臣，一年之内国君不派他差使。如果身穿丧服进朝，或和家仆杂居等列，这也不合乎礼，这称为君臣共同有国家。因此天子有田地就安排他的子孙，诸侯有封国就安排他的子孙，大夫有封地就安排他的子孙，这叫作制度。因此天子到诸侯那里去，一定在诸侯的祖庙里下榻，而如果天子不按照礼册上的规定就私自进入祖庙，这称为天子败丧礼法、变乱纲纪。诸侯如果不是探视疾病、吊丧而进入到臣下的家中，这叫作君臣戏谑。』

『因此，礼是国君用来管理国家的重要手段，是用来辨别疑惑，洞察幽微，敬奉鬼神，考察制度，分别不同对象而使用仁或义的，是用来治理国政而稳定君位的。因此，假如政治不端正君位就会动摇。君位动摇大臣就会叛逆，小臣就会窃权。如果刑罚严厉而礼俗败坏，法律就会摇动不定，法律不定而礼仪乱套，礼仪乱套，不能分别上下等级，礼不能分别上下等级做官的就会不忠于职事。刑罚严厉而礼俗败坏，那么民众就不会归心于国家。这叫作病国。』

『故政者，君之所以藏身也。是故夫政必本于天，殽以降命。命降于社之谓殽地，降于祖庙之谓仁义，降于山川之谓兴作，降于五祀之谓制度。此圣人所以藏身之固也。故圣人参于天地，并于鬼神，以治政也。处其所存，礼之序也；玩其所乐，民之治也。故天生时而地生财，人，其父生而师教之，四者君以正用之，故君者立于无过之地也。』

『故君者所明也，非明人者也；君者所养也，非养人者也；君者所事也，非事人者也。故君明人则有过，养人则不足，事人则失位。故百姓则君以自治也，养君以自安也，事君以自显[①]也。故礼达而分定，故人皆爱其死而患其生。故用人之知去其诈；用人之勇，去其怒；用人之仁，去其贪。故国有患，君死社稷谓之义，大夫死宗庙谓之变。故圣人耐以天下为一家，以中国为一人者，非意之也，必知其情，辟于其义，明于其利，达于其患，然后能为之。』

『何谓人情？喜、怒、哀、惧、爱、恶、欲，七者弗学而能。何谓人义？父慈、子孝、兄良、弟弟、夫义、妇听、长惠、幼顺、君仁、臣忠，十者谓之人义。讲信修睦，谓之人利；争夺相杀，谓之人患。故圣人之所以治人七情，修十义，讲信修睦，尚辞让，去争夺，舍礼何以治之？饮食男女[②]，人之大欲存焉；

死亡贫苦，人之大恶存焉。故欲恶者，心之大端也。人藏其心，不可测度也。美恶皆在其心，不见其色也，欲一以穷之，舍礼何以哉？』

『故人者，其天地之德，阴阳之交，鬼神之会，五行之秀气也。故天秉阳，垂日星；地秉阴，窍于山川。播五行于四时，和而后月生也。是以三五而盈，三五而阙。五行之动，迭相竭也。五行、四时、十二月，还相为本也。五声、六律、十二管，还相为宫也。五味、六和、十二食，还相为质也。五色、六章、十二衣③，还相为质也。故人者，天地之心也，五行之端也，食味、别声、被色而生者也。』

『故圣人作，则必以天地为本，以阴阳为端，以四时为柄，以日星为纪，月以为量，鬼神以为徒，五行以为质，礼义以为器，人情以为田，四灵以为畜。以天地为本，故物可举也；以阴阳为端，故情可睹也；以四时为柄，故事可劝也；以日星为纪，故事可列也。月以为量，故功有艺④也；鬼神以为徒，故事有守也；五行以为质，故事可复也；礼义以为器，故事行有考也；人情以为田，故人以为奥也；四灵以为畜，故饮食有由也。』

『何谓四灵？麟、凤、龟、龙，谓之四灵。故龙以为畜，故鱼鲔不淰⑤；凤以为畜，故鸟不獝；麟以为畜，故兽不狘；龟以为畜，故人情不失。故先王秉蓍龟，列祭祀，瘗缯，宣祝嘏词说，设制度。故国有礼，官有御，事有职，礼有序。』

【注释】

①显：显示。

②饮食男女：指饮食与求偶。

③五色：指服饰的色彩绘画，青、赤、黄、白、黑。六章：五色加天玄，合称六章。十二衣：谓十二

个月所着之衣。

④艺：准则。

⑤淰（shěn）：惊骇逃散的样子。

【译文】

『政令是国君托身以保安定之法宝。所以政令必定依照天理来制定。政令根据土地条件与需求下达叫效仿，根据祖庙亲尊意义而下达叫作仁义，根据山川资源而下达叫作兴发制作，根据五祀规范而下达叫作制度，这就是圣人稳固地位的原因。所以圣人是参看了天地，又比照了鬼神，以此来制定政令。圣王能处理所观察到的，使得礼制有次序，能玩味人们所爱好的，使得民众能够治理。天有四季，地有资财，人的身体是父母生养，知识才能是老师教给，这四者国君用来使它们各得其正，所以做国君的必须正身立于无有过错之地。』

『因此国君是人们所仿效的，而不是仿效他人的。国君是他人所供养的，而不是供养他人的。国君是人们所服侍的，而不是服侍他人的。如果国君仿效他人就会有差失，供养他人就会有不足，服侍他人就会失去自己的地位。所以百姓仿效国君来管理自己，供养国君来定安自己，服侍国君来显扬自己。礼通达天下，那么上下名分就得到确定，所以人人都乐于为合于礼而牺牲，耻于礼却偷生。国君要重用有智慧而去掉他的作伪；任用勇敢的人，而去掉他冲动的性格，任用仁义的人，而去掉他的贪欲。所以国家有危难，国君为国家去死叫作义，大夫为宗庙去死，这是职责所在，圣人能把天下当作一家，把天下人看作同自己一样，这不是私意猜度出来的，他必须懂得人情，通晓义理，明白利害所在，熟知人患然后才可能做到这个地步。

『什么叫作人情？喜、怒、哀、惧、爱、恶、欲，这七种不学就会的情感就是人情。什么叫作人义？父亲慈爱，儿子孝敬，兄长和悦，幼弟恭顺，丈夫守义，妻子顺从，长者惠下，幼者顺上，君主仁慈，臣子忠诚，这十个方面伦理关系准则就是人义。讲究信用，维持和睦，就叫作人利。彼此争夺，互相残杀，就叫作人患。圣人用来治理七种人情，维护十种人义，讲究信用，维持和睦，崇尚礼让，消除争夺的方法，除了礼，还能用什么呢？饮食求偶，是人的大欲之所在；死亡贫苦，则是人的大恶之所在。欲和恶两者就是人们心中的两件大事。人们隐藏自己的心思，使别人不能猜测。美好和丑恶都藏在心中，不表现在外貌上。人君要想完全掌握人们心中的好恶之情，除了礼，还能用什么方法呢？』

『所以人是感于天地所载之德，阴阳二气交合，形体和精气结合，吸收五行的精华而生。所以天持阳气，垂示日月星辰的光芒；地持阴气，借山河为孔穴而吞吐呼吸。分布五行于春夏秋冬四季，四季节气调和而有月亮。所以月亮在一月之中前十五日由缺而圆，后十五日由圆而缺。五行的运转，交替往来衰竭。五行、四季、十二月，依次交替为本始；五声、六律、十二管，依次交替为宫声。五味、六和、十二食，依次交替为主味；五色、六章、十二衣，依次交替为主色。所以说，人是天地的核心，是五行万物之首，品尝美味，辨别声音，穿着五种不同颜色的衣服而生活着。』

『圣人起来了，一定以天地为万物本源，以阴阳为启动的开端，以四季为操控的把柄，以日星为运作的纲纪，以月区分的衡量，以鬼神为协助的徒属，以五行为运行，以礼义为操作工具，以人情为田地，以四灵为禽畜的首领。因为以天地为本源，所以万物都能包罗；以阴阳为开端，所以人情可以考察；以四时为操控的把柄，所以农事可以劝勉；以日星为运作的纲纪，所以做事便于排列；以月为区分的衡量，所以事情就有准则；以鬼神为协助的徒属，所以人人皆有职守；以五行为运行的主干，所以事情可以周而复始；以礼义为操作的工具，所以事事才能办成；以人情为耕作的田地，所以人就是田地的主人；以四灵为禽畜的首领，所以饮食有来源。』

『什么叫作四灵？麒麟、凤凰、龟、龙，这四种动物叫作四灵。所以，如果龙成为家畜，那么鱼类就不会惊骇逃走；如果凤凰成为家畜，那么鸟类就不会惊骇逃走；如果麒麟成为家畜，那么百兽就不会惊骇逃走；如果龟成为家畜，那就可用以占卜，预先察知人情。所以先王秉持蓍草和龟甲，安排祭祀，把币帛埋在地下，宣读祝词和嘏辞，设立种种制度。于是国人皆彬彬有礼，百官各治其事，百事都有分职，凡所行礼，皆有次序。』

『故先王患礼之不达于下也，故祭帝于郊，所以定天位也；祀社于国，所以列地利也；祖庙，所以本仁也；山川，所以傧鬼神也；五祀，所以本事也。故宗祝在庙，三公在朝，三老在学①，王前巫而后史，卜筮瞽侑皆在左右。王中心无为也，以守至正。故礼行于郊而百神受职焉，礼行于社而百货可极焉，礼行于祖庙而孝慈服焉，礼行于五祀而正法则焉。故自郊、社、祖庙、山川、五祀，义之修而礼之藏也。』

『是故夫礼，必本于大一②，分而为天地，转而为阴阳，变而为四时，列而为鬼神。其降曰「命」，其官于天也。夫礼必本于天，动而之地，列而之事，变而从时，协于分艺。其居人也曰「养」，其行之以货、力、辞让、饮食、冠、昏、丧、祭、射、御、朝、聘。』

『故礼义也者，人之大端也，所以讲信修睦，而固人之肌肤之会，筋骸之束③也；所以养生送死，事鬼神之大端也；所以达天道，顺人情之大窦也。故唯圣人为知礼之不可以已也。故坏国、丧家、亡人，必先去其礼。』

『故礼之于人也，犹酒之有糵也，君子以厚，小人以薄。故圣人修义之柄，礼之序，以治人情。故人情者，圣王之田也，修礼以耕之，陈义以种之，讲学以耨之，本仁以聚之，播乐以安之。故礼也者，义之实也。协诸义而协，则礼虽先王未之有，可以义起也。义者，艺之分，仁之节也。协于艺，讲于仁，得之者强。仁者，义之本也，顺之体也，得之者尊。故治国不以礼，犹无耜而耕也；为礼不本于义，犹耕而弗种也；为义而不讲之以学，犹种而弗耨也；讲之于学而不合之以仁，犹耨而弗获也；合之以仁而不安之以乐，犹获而弗食也；安之以乐而不达于顺，犹食而弗肥也。四体既正，肤革充盈，人之肥也。父子笃，兄弟睦，夫妇和，家之肥也。大臣法，小臣廉，官职相序，君臣相正，国之肥也。天子以德为车，以乐为御，诸侯以礼相与，大夫以法相序，士以信相考，百姓以睦相守，天下之肥也。是谓大顺。大顺者，所以养生、送死、事鬼神之常也。故事大积焉而不苑，并行而不缪，细行而不失，深而通，茂而有间，连而不相及也，动而不相害也，此顺之至也。故明于顺，然后能守危④也。』

『故礼之不同也，不丰也，不杀也，所以持情而合危也。故圣王所以顺，山者不使居川，不使渚者居中原，而弗敝也。用水、火、金、木，饮食必时，合男女、颁爵位必当年、德，用民必顺。故无水旱昆虫之灾，民无凶饥妖孽之疾。故天不爱其道，地不爱其宝，人不爱⑤其情。故天降膏露，地出醴泉，山出器、车，河出马图，凤凰、麒麟皆在郊棷⑥，龟、龙在宫沼，其余鸟兽之卵胎，皆可俯而窥也。则是无故，先王能修礼以达义，体信以达顺故。此顺之实也。』

【注释】

①三老在学：在太学中，有三老在讲学。

②大一：指天地未分时混沌的元气状态。

③肌肤之会，筋骸之束：皆是比喻说明人类社会关系不散乱全靠有礼来维持。

④守危：自我警惕。

⑤不爱：指不吝惜。

⑥椒（sǒu）：湖泽。

【译文】

『先王所担心的就是礼不能落实到下面。因此在郊区祭奠天帝，用以确定天的至高无上之位。在国都中祭祀土地神，用来陈列土地的养民之功。祭祀祖庙，用以表示仁爱。祭祀山川，用来礼敬鬼神。祭祀五祀，来表达各种制度本原于此。因此天子在宗庙中有宗伯和太祝相助，在朝廷上设立三公，在学校里设立三老，天子前有巫官，而后有史官，负责卜筮的官员、乐官、负责规劝的官员都在天子左右，而王的心中没有任何杂念，这样来坚守正道。因此在郊区祭奠天帝，众神就都会遵从职守。在国中祭祀土地神，各种财物就可尽为国家所用。祭祀祖庙，而孝敬慈爱的德行就可普及天下。祭祀五祀，而使各种法则得到端正。所以从祭天、祭社、祭祖庙、祭山川，直到祭五祀，就是修养和遵守礼义。』

『因此，礼必定以太一为本，太一划分为天和地，天地转化为阴和阳，阴阳又变化为春、夏、秋、冬四季，四季又序列为鬼神。圣人据此而颁降的政令就叫作「命」，这都是主法于天的。礼一定以上天为本，动用于大地，分列吉凶等事，根据四季变化，合乎每月行令的准则。礼在人事上叫作「养」，礼的实行表现在财货、精力、辞让、饮食、冠礼、婚礼、丧礼、祭礼、射礼、驾车、朝见、聘问等事中。』

『因此，礼义是人类的最基本的出发点，是用来讲究信用，重视和睦，如同巩固人的肌肤之会和筋骸相连一样；是用来养生送死、祭祀鬼神的最基本指导原则；是用来通达天理、顺适人情的重要渠道。因此只有圣人才知道礼是不可以废止的。那些国破家亡，身败名裂的人，肯定是先抛弃礼才会如此。』

『所以，礼对于人来说，就像是酿酒要用的曲，君子德厚，酿制的酒也便醇厚，小人德薄，酿制的酒也便寡味。因此圣王操持礼、义这两件工具，用来治理人情。打比方来说，人情就像田地，圣王就像田主，圣王用礼来耕作，用陈说义理当作下种，用讲解教导当作除草，用广施仁爱作为收获，用备乐置酒作为农夫的犒劳。能够这样说，礼是义的制度化。有些礼的条文，拿义的标准去权衡无一不合，但先王并无明文规定，这也不妨因时制宜。义是分别是非的标准，权衡仁爱的尺度。合乎标准，合乎仁爱，谁做到这两条谁就强大。仁是义的根本，又是顺的主体，谁能做到仁谁就会被人崇敬。所以，治国而不用礼，就好像耕田而不用农具；制礼而不源本于义，就好像耕地而不下种；有了义而不进行讲解教导，就如同下种而不除草；有了讲解教导而不和仁爱结合，就如同虽然除草而不去收获；和仁爱结合了而不备乐置酒犒劳农夫，就如同虽然颗粒归仓而不让食用；备乐置酒犒劳农夫了而没有达到自然而然的境界，就如同饭也吃了但身体却不健壮。四肢健全，肌肤丰满，这是一个人的身体健壮。父子情笃，兄弟和睦，夫妇和谐，这是一个家庭的身体健壮。大臣守法，小臣廉正，百官各守其职而同心协力，君臣互相勉励匡正，这能够看作是一个国家的身体健壮。天子把道德作为车辆，把音乐作为驾车者，诸侯礼尚往来，大夫按照法度排列次序，士人按照诚信来完成事情，百姓根据睦邻的原则维护关系，这能够看作是整个天下的身体强健。一个人的身体健壮，一个家庭的身体强健，一个国家的身体强健，整个天下的身体强健，这些合在一起就称为大顺。大顺，它是用以养生、送死、敬事鬼神的永恒法则。实现大顺，即使是事情积聚也不会滞留，两件事一并进行也不会互相妨碍，行为尽管细小也不至于有什么疏忽，尽管深奥却能够理解，尽管严密却不乏通达，既互相联系而又彼此独立，循规运动而不彼此排斥，这便是顺的最高境界。从此看来，明白了顺的重要性，才能安守君位没有危险。』

『礼是讲究等级差别的，既不可增加，也不可减少，借以维持人情，而保持自我警惕之心。圣王之所以能够做到天下和顺来制礼，居住在山区的人不让他们到水旁去居住，居住在海岛水边的人不让他们到中原去居住，这样就不会破坏民众的生活风俗；使用水、火、金、木和饮食习惯都要顺应季节的变化；男婚女嫁，颁授爵位，都必须同人们的年龄和德行相一致；征用民力也必须顺应民心，不夺农时。因此就可以预防水、旱、昆虫等自然灾害，民众也就没有发生饥荒和妖孽等祸事。所以，天不吝惜养民之道，地不吝惜养民之宝，人也不吝惜真实之情。因此，天降雨露，地涌甘泉，山出宝器和车辆，大河中有龙马负图，凤凰麒麟在郊外沼泽中出现，龟和龙都在宫殿、池沼里畜养供奉，其余鸟兽的卵和胎，人们都俯首可见。做到这样并没有别的道理，只是先王能够遵循礼而通达义，体现诚信而通达顺，这就是顺应天理人情的结果。』

礼器

礼器①，是故大备。大备，盛德也。礼释回，增美质，措则正，施则行。其在人也，如竹箭之有筠也，如松柏之有心也。二者居天下之大端矣，故贯四时而不改柯易叶。故君子有礼，则外谐而内无怨。故物无不怀仁，鬼神飨德。

先王之立礼也，有本有文。忠信，礼之本也；义理，礼之文也。无本不立，无文不行。

礼也者，合于天时，设于地财，顺于鬼神，合于人心，理万物者也。是故天时有生也，地理有宜也，人官有能也，物曲有利也。故天不生，地不养，君子不以为礼，鬼神弗飨也。居山以鱼鳖为礼，居泽以鹿豕为礼，君子谓之不知礼。故必举其定国之数，以为礼之大经。礼之大伦，以地广狭；礼之薄厚，与年之上下。是故年虽大杀[2]，众不匡惧，则上之制礼也节矣。

礼，时为大，顺次之，体次之，宜次之，称次之。尧授舜，舜授禹，汤放桀，武王伐纣，时也。《诗》云：『匪革其犹，聿追来孝。』天地之祭，宗庙之事，父子之道，君臣之义，伦也。社稷山川之事，鬼神之祭，体也。丧祭之用，宾客之交，义也。羔、豚而祭，百官皆足，大牢而祭，不必有余，此之谓称也。诸侯以龟为宝，以圭为瑞；家[3]不宝龟，不藏圭，不台门，言有称也。

礼有以多为贵者：天子七庙，诸侯五，大夫三，士一。天子之豆二十有六，诸公十有六，诸侯十有二，上大夫八，下大夫六。诸侯七介、七牢，大夫五介、五牢。天子之席五重，诸侯之席三重，大夫再重。天子崩，七月而葬，五重八翣[4]；诸侯五月而葬，三重六翣；大夫三月而葬，再重四翣。此以多为贵也。

有以少为贵者：天子无介，祭天特牲。天子适诸侯，诸侯膳以犊。诸侯相朝，灌用郁鬯，无笾、豆之荐。大夫聘，礼以脯、醢。天子一食，诸侯再，大夫、士三，食力无数。大路繁缨一就，次路繁缨七就。圭璋特，琥璜爵。鬼神之祭单席。诸侯视朝，大夫特，士旅之。此以少为贵也[5]。

【注释】

①礼器：礼可以使人成器。

②大杀：大幅度减产。杀，减少。

③家：指卿大夫。

④翣（shà）：遮蔽棺椁的装饰物，形如扇，置于棺之两旁。

⑤以少为贵：大夫人少，故诸侯一一个别拜，此即以少为贵。士众多，诸侯只向众士一拜。

【译文】

以礼为器，因而能品行大备。品行大备就是盛德的表现。礼能够除去邪恶，增加本质之美，用到人身上则能正身，用到事情上则能实行。礼对于人来说，就如同竹箭的外表的蔑青，又如同松柏的内部实心。普天之下，唯有竹箭和松柏有大本大节，因此才一年四季从头到尾总是郁郁葱葱，枝叶永不凋零。君子有礼，也恰是这样，他不仅能与外面的人和谐相处，而且能与内部的人相亲相爱。因此人们无不归心于他的仁慈，连鬼神也乐于接受他的祭品。

先王制定的礼，有根本又有文饰。忠信是礼的根本；义理是礼的文饰。没有根本，礼就不能成立；没有文饰，礼就不能施行。

礼应该是上合天时，下合地利，顺应鬼神，符合人心，协调万物的一种东西。四时各有不同的生物，土地各有不同的出产，五官各有不同的功能，万物各有不同的用途。所以，不到节令的动植物，不是当地的土特产，君子是不拿来作为祭品的，即使拿来，鬼神也是拒绝享用的。住在山里，却以水里产的鱼鳖作为礼品；住在水边，却以山里产的鹿豕作为礼品。这样的做法，君子认为是不懂礼。所以，一定要按照本国物产的多少，来确定其行礼用财的基本原则。礼品的多少，要看国土的大小；礼品的厚薄，要看年成的好坏。所以即使遇到灾荒之年，民众也不恐惧，究其原因，就是由于君上在制礼时是很有分寸的。

礼，以合天时为最关键，其次是顺伦常，再其次是主体的分辨，再其次是事情的义理，最后是物品要与身份等级相配。尧把君位传授给舜，舜把君位传授给禹，商汤流放夏桀，周武王征伐商纣王，都是合天时而行的。《诗》说：『不是为了急行己道，而追述祖业来行孝。』以天地的祭祀为先，宗庙的祭祀为后，遵从父子关系的道理，君臣关系的大义，这就称为顺。对社稷和山川的祭礼不同，对各种鬼神的祭礼不同，这就是体。丧礼和祭礼的花费，与宾客交往的开支都要适宜，这就称为义。或用小羊，或用小猪来祭祀，各级官吏所用的祭品都足够，或用牛、羊、猪做祭品，牲体分给祭祀的人不要剩余，这就是称。诸侯以龟甲为宝物，以珪玉为信物。大夫家不能藏龟甲，不能藏珪玉，不能建造台门，使用的物品要和等级身份相符这就叫称。

礼仪有的是以多为尊贵。如天子有七所祖庙，诸侯有五所，大夫有三所，士只有一所。又如，天子盛放菜肴的器具豆，有二十六个，公爵有十六个，诸侯有十二个，上大夫有八个，下大夫有六个。诸侯出国聘问，带有七个副使，主国馈以七牢；大夫奉诸侯之命出国聘问则只带五个副使，主国馈赠五牢。天子的座席有五层，诸侯的座席有三层，大夫只有两层。天子去世，七个月以后才下葬，葬时，茵和抗木各五重，翣用八个。诸侯去世，五个月后便下葬，葬时抗木和茵各三重、六翣。大夫去世，三个月便下葬，葬时，抗木和茵各两重、四翣。这就是以多为尊贵。

但也有以少为尊贵的：如天子出巡，不设副手。最隆重的祭天仪式，却只用一头牛。天子来到诸侯国，诸侯也只用一头牛犊招待。又如诸侯相互聘问，只用郁鬯相献，不摆设笾豆；而大夫来聘，却用脯醢款待。又如用餐时，天子一口便告饱，诸侯则吃两口，大夫和士吃三口，而从事体力劳动的下等人则吃到饱为止。祭天所用的大车，只用一圈繁缨来装饰马匹；而平常杂事所用的车马却用七圈装饰，圭璋是玉中最贵重的，因而进献时可以单独进献；而次一等的琥璜，则需在进爵时一道进献。祭祀鬼神却只用一层席。又如诸侯临朝时，对大夫须个别地行拜见之礼，而对士则向众人行一次拜见之礼。这些都是以少为尊贵。

有以大为贵者：宫室之量，器皿之度，棺椁之厚，丘封之大。此以大为贵也。有以小为贵者：宗庙之祭，贵者献以爵，贱者献以散，尊者举觯，卑者举角①，五献之尊，门外缶，门内壶，君尊瓦甒。此以小为贵也。

有以高为贵者：天子之堂九尺，诸侯七尺，大夫五尺，士三尺。天子、诸侯台门。此以高为贵也。有以下为贵者：至敬不坛，埽地而祭。天子、诸侯之尊废禁，大夫、士棜禁②。此以下为贵也。

礼有以文为贵者：天子龙衮，诸侯黼，大夫黻，士玄衣纁裳。天子之冕，朱绿藻③，十有二旒，诸侯九，上大夫七，下大夫五，士三。此以文为贵也。

有以素为贵者：至敬无文，父党无容。大圭不琢，大羹不和，大路素而越席，牺尊疏布鼏，椫杓。此以素为贵也。

孔子曰：『礼不可不省也。礼不同、不丰、不杀。』此之谓也。盖言称也。礼之以多为贵者，以其外心者也。德发扬，诩万物，大理物博，如此，则得不以多为贵乎？故君子乐其发也。礼之以少为贵者，以其内心者也。德产之致也精微，观天下之物，无可以称其德者，如此，则得不以少为贵乎？是故君子慎其独也。古之圣人，内之为尊，外之为乐，少之为贵，多之为美。是故先王之制礼也，不可多也，不可寡也，唯其称也。』是故君子大牢而祭，谓之礼，匹士大牢而祭谓之攘。管仲镂簋、朱纮，山节、藻棁，君子以为滥④矣。晏平仲祀其先人，豚肩不揜豆，浣衣濯冠以朝，君子以为隘矣。是故君子之行礼也，不可不慎也，众之纪也。纪散而众乱。孔子曰：『我战则克，祭则受福。』盖得其道矣。

君子曰：『祭祀不祈，不麾蚤，不乐葆大，不善嘉事，牲不及肥大，荐不美多品。』

孔子曰：『臧文仲安知礼！夏父弗綦逆祀而弗止也，燔柴于奥。夫奥者，老妇之祭也。盛于盆，尊于瓶。』

礼也者，犹体也。体不备，君子谓之不成人。设之不当，犹不备也。礼有大，有小，有显，有微。大者不可损，小者不可益，显者不可揜，微者不可大也。故经礼三百，曲礼三千，其致一也。未有入室而不由户者。君子之于礼也，有所竭情尽慎，致其敬而诚若，有美而文而诚若。君子之于礼也，有直而行也，有曲而杀也，有经而等也，有顺而讨也，有摲而播也，有推而进也，有放而文也，有放而不致也，有顺而摭也。

三代之礼一也，民共由之。或素或青，夏造殷因。周坐尸，诏侑武方，其礼亦然。其道一也。夏立尸而卒祭，殷坐尸，周旅酬六尸。曾子曰：『周礼其犹醵⑤与？』

【注释】

①爵、散、觯（zhì）、角：都是饮酒用的器皿，但大小不同，爵最小（一升）、觯稍大（二升），角

更大（四升），散最大（五升）。

②禁：用木头制成的案，用来置盛酒器皿。

③藻：彩色丝绳，用来穿珠为旒。

④滥：放纵且过分。

⑤醵：凑钱喝酒。

【译文】

礼仪有的是以大为尊贵的。比如宫室的规模，器皿的规格，棺椁的厚薄，坟丘的大小，这些都以大为尊贵。但也有以小为尊贵的，如宗庙祭祀时，贵者用很小的爵来献尸，贱者却用很大的散；尸入以后，尊者举起较小的觯，卑者举起较大的角。『五献』放置酒器的方法，是把最大的盛酒器缶置于门外，较小的壶置于门内，而君侯与宾用的是较小的瓦甒，置于堂上。这些就是以小为尊贵。

礼，有以高作为贵的，如天子正厅高九尺，诸侯七尺，大夫五尺，士三尺。天子诸侯可以筑建台门，大夫以下没有。这是以高为贵。礼也有以低为贵的，如天子祭天，不修筑高坛，只清扫地面行礼。又如天子诸侯安放酒器不用禁，而大夫、士用棜，这是以低作为贵的。

礼有以文饰繁多为尊贵的。天子的礼服绣有龙纹，诸侯礼服上绣有黑白相间如斧形的花纹，而大夫的礼服上绣有黑青相间的花纹，士人是赤黑色上衣，浅绛色裳，没有图案。天子的冕，有红绿五彩丝绳串联十二条旒，诸侯有九条旒，上大夫七条，下大夫五条，士人只有三条。这是以文饰繁多为尊贵。

礼有以朴素为尊贵的：天子祭天时只穿大裘，没有华丽的文饰。去父亲所待的地方，不讲究揖让周旋的仪容动作。天子朝祭日月之圭，不加雕琢。祭祀时肉汁不加任何调味品。祭天乘用的大路素朴，不加金玉等装饰，只铺着草席。牛形的樽用粗布覆盖，使用的木勺也同样不加雕饰。这是以朴素为尊贵。

孔子说：『礼，不可不注意审察！礼有高下、多少、大小、文素的不同，应减少的不可增加，应增加的不可减少。』说的就是这种情况，为的是求其相称。礼以多为尊贵的原因是为了将内心的德行表现在外。君王的德行发扬，遍及万物，治理天下万事万物，像这样行礼能够不以多、高大、文为尊贵吗？所以君子喜欢用礼向外界展现自己的德行。礼以少小、下、素为尊贵的原因是因为专心于内心之德，内心德行到达极致，精深微妙，看看天下万物没有与其德行相称的，像这样的话，礼能够不以少、小、下、素为尊贵吗？所以君子审慎地以少少的礼来展现自己的德。古代的圣人，以内心的敬慎为尊，以外在的礼仪为乐，以少、小、下、素为贵，以多、大、高、文为美。所以先王制定礼仪，应少的不能多，应多的不能少，只求相称。

所以丈夫祭祀用太牢合于礼，而若士用太牢祭祀就等于是盗窃。管仲在他的祭器上雕刻精美的花纹，冠冕上配以天子才用的红色系带，房屋梁柱上刻有山和水藻。君子说他放纵而且过分了。晏平仲祭祀他的祖先时用的猪蹄髈，小到连豆也装不满。穿着洗涮过的旧衣帽去参加朝会。君子说他过于节俭了，也是不合礼的。所以君子行礼不可不慎重。因为礼是法度准则，失去了法度准则，那么众人的尊卑上下之分就混乱了。孔子说：『我知礼，打仗就一定能胜利，祭祀就能得到福佑。』这大概是掌握了礼与身份相称的道理。

君子说：『祭祀时不可把祈求福佑当作目的，不可求早求快，仪式规模不可一味求大，不可特别偏爱喜庆礼仪。牲也不可越肥大越好。』

孔子说：『臧文仲怎么懂得礼呢？夏父弗綦把僖公的神主放到闵公的上面祭祀，可管仲不制止他。而且在灶神面前进行燔柴之祭。祭灶神是老妇的事。只需用盆盛祭品，用瓶作盛酒。』

礼，就如同人的身体，身体不完整，君子就称之为不完善的人。礼如果设置得不合适，那就如同身体不完备一样。礼有时以大为贵，也有时以小为贵，有时表现显著，有时表现隐微。该大的礼不能缩小，该小的礼不可扩大；应明显的不能遮掩，应隐微的不可张扬。礼的纲要有三百，礼的细节有三千，其基本精神都是相同的，全是以诚为基本精神。这就像人要进屋，不能不经过门一样。君子行礼，有时竭尽真情实意来表达，要致以恭敬来表现诚顺，有时以器物之美、纹饰之美来表现诚顺。君子行礼，有时是直截了当地表达出来的，有时是委婉而少少地表达出来的，有时是遵循常法而平等地表达出来的，有时是按顺序依次递减地表达出来的，有时是取之于上而普施于下的，有时是依对其先人之礼推导而提升规格的，有时是仿效自然而有文饰的，有时是仿效自然纹饰而有所减省的，有时是自上顺之于下的。

夏商周三代的礼都贯穿着一个诚字，民众共同遵循。从形式上看，有的尚黑，有的尚白，夏代开始创立，殷代有所因循。周代在祭祀宗庙时，尸是坐着的，告诉尸当行的礼仪和劝尸饮食，并无固定的常法，这种礼仪与商代是一样的。礼仪的道理是一致的。夏代宗庙祭祀时，尸是站立着的，一直站到祭祀完成；在商代尸有事没事都是坐着的，而周代有六亲庙之尸聚集太祖庙，依次互相劝酒的礼仪。子说：『周礼宗庙祭祀中的旅酬之礼，好像现在众人凑钱喝酒一样吧？』

君子曰：礼之近人情者，非其至者也。郊血，大飨腥，三献爓，一献孰。是故君子之于礼也，非作而致其情也，此有由始也。是故七介以相见也，不然则已悫[1]；三辞三让而至，不然则已蹙。故鲁人将有事于上帝，必先有事于頖宫；晋人将有事于河，必先有事于恶池；齐人将有事于泰山，必先有事于配林。三月系，七日戒，三日宿，慎之至也。故礼有摈诏，乐有相步②，温之至也。

礼也者，反本、修③古，不忘其初者也。故凶事不诏，朝事以乐。醴酒之用，玄酒之尚；割刀之用，鸾刀之贵；莞簟之安，而稾鞂之设。是故先王之制礼也，必有主也，故可述而多学也。君子曰：『无节于内者，观物弗之察矣。欲察物而不由礼，弗之得矣。故作事不以礼，弗之敬矣；出言不以礼，弗之信矣。故曰：礼也者，物之致也。』

是故昔先王之制礼也，因其财物而致其义焉尔。故作大事必顺天时，为朝夕必放于日月，为高必因丘陵，为下必因川泽。是故天时雨泽，君子达亹④亹焉。是故昔先王尚有德，尊有道，任有能，举贤而置之，聚众而誓之。是故因天事天，因地事地，因名山升中于天，因吉土以飨帝于郊。升中于天，而凤凰降，龟龙假；飨帝于郊，而风雨节，寒暑时。是故圣人南面而立而天下大治。

天道至教，圣人至德。庙堂之上，罍尊在阼⑤，牺尊在西；庙堂之下，县鼓在西，应鼓在东。君在阼，夫人在房，大明生于东，月生于西，此阴阳之分，夫妇之位也。君西酌牺象，夫人东酌罍尊，礼交动乎上，乐交应乎下，和之至也。

【注释】

①已：太。

②相步：扶助和引导乐工走路的人。因为古代的乐工多为盲人。

③修：通『循』，追溯的意思。

④达：犹言『皆』。亹亹：勤勉的样子。

⑤罍尊：刻有云雷图纹的酒尊。阼：寝庙的东阶。

【译文】

君子讲过：礼仪中接近人的生活常道的礼，并非最高贵的礼。例如祭天是用牲血为祭品，祫祭列祖列宗是用生肉，祭祀社稷主祀是用半生不熟的肉，祭祀小的神鬼是用熟肉。所以君子对于礼，并非一时冲动来表达自己的敬意，而是有所效法。所以两国国君相见，宾主都要各自安排七个随从传话，不然的话就显得太简单了；客人要三次向主人表示不敢当，主人要三次礼让客人先入，然后才登堂，不然的话就显得太急促失礼了。所以，鲁国人将要祭上帝，就一定先祭于学校頖宫；晋国人将要祭河，就一定先祭于恶池；齐国人将要祭泰山，就一定要先祭配林。祭天祭祖，祭前的三个月就要精心饲养牲，祭前的十日，要先进行七天的散斋，接着再进行三天严格的斋戒，然后才举行祭祀，真是谨慎到极点了。所以，行礼时必有司仪指导，乐师必有扶持引路的人，这才显得礼仪温厚妥帖到了极点。

礼的本意就是回到本心，回到远古，表示不忘其初。因此，如丧亲之凶，不告而哭，出于内心之情；又如朝廷礼贤养老，必奏乐使人欢欣快乐。祭祀尽管有醴酒之美，但仍陈玄酒为上；祭牲旁虽要用锋利的割刀，但仍以鸾刀为尊；祭席虽用蒲席使人安适，但仍摆设麦秸之席。因此先王制礼作乐，必有依据，这些依据都是可陈述和仿效的。君子认为：心中没有礼仪的检验标准，则对众多事物就不能辨析。而欲辨析万物而不依据礼仪，也就无法达得到正确的认识。因为办事不依礼而行，就不能得到别人的尊敬；讲话不依礼而言，别人就不可能信任。因此说，礼就是人们言行的准则。

所以过去先王制礼，是依据事物的特性而赋予意义的。举行祭祀一定符合天时；朝日和夕月之祭，必然根据日月的运行。祭祀天帝，一定要凭借本来就高耸的山陵；祭祀地神，一定要凭借本来就低洼的川泽。所以，上天应时降雨，君子都勤勉努力。当天时调和、雨露滋润的时候，君子也就更加勤勉。所以过去先王崇尚有德的人，尊敬有道的人，重用有能的人，举拔贤人，安置职位。把众人聚集起来，宣誓告诫。所以因天高而在山陵上祭天，因地低而在川泽中祭地，登五岳燔柴祭祀向上天报告成功，在南郊选择吉地祭祀天帝。因为燔柴祭祀向上天报告成功，所以象征祥瑞的凤凰降临、龟龙到来；因为祭祀天帝于南郊，所以风调雨顺，寒暑有序。这样，圣人只要南面而立，天下也就太平了。

天道是礼教的最高法则，而圣人则具有最高的德行。庙堂之上，罍尊置于东阶，牺尊象尊置于西阶。庙堂之下，大鼓置于西面，小鼓置于东面。国君站在东阶，夫人立在西房。这就象征着太阳从东方升起，新月在西方出现。这便是阴阳的区别，夫妇的位置。然后国君来到西阶从牺尊、象尊中酌酒，而夫人则来到东阶从罍尊中酌酒。当堂上在进行象征阴阳交动的礼仪时，堂下东西两边的鼓乐也交相呼应。这真是和谐到极点啊！

礼也者，反其所自生；乐也者，乐其所自成。是故先王之制礼也以节事，修乐以道志。故观其礼乐，而治乱可知也。蘧伯玉曰：『君子之人达。』故观其器而知其工之巧，观其发而知其人之知。故曰：君子慎其所以与人①者。

大庙之内敬矣：君亲牵牲，大夫赞币而从；君亲制祭，夫人荐盎；君亲割牲，夫人荐酒。卿大夫从君，命妇从夫人。洞洞乎其敬也，属属乎其忠也，勿勿乎其欲其飨之也！纳牲诏于庭，血、毛诏于室，羹定诏于堂。三诏皆不同位，盖道求而未之得也。设祭于堂，为祊乎外。故曰：于彼乎，于此乎？一献质，三献文，五献察，七献神。

大飨，其王事与？三牲、鱼、腊，四海九州之美味也。笾、豆之荐，四时之和气也。内金，示和也。束帛加璧，尊德也。龟为前列，先知也。金次之，见情也。丹漆、丝纩、竹箭，与众共财也。其余无常货，各以其国之所有，则致远物也。其出也，《肆夏》②而送之，盖重礼也。祀帝于郊，敬之至也。宗庙之祭，仁之至也。丧礼，忠之至也。备服器，仁之至也。宾客之用币，义之至也。故君子欲观仁义之道，礼其本也。

君子曰：『甘受和，白受采。忠信之人，可以学礼，苟无忠信之人，则礼不虚道。是以得其人之为贵也。』

孔子曰：『诵《诗》三百，不足以一献；一献之礼，不足以大飨；大飨之礼，不足以大旅③；大旅具矣，不足以飨帝。毋轻议礼！』

子路为季氏宰。季氏祭，逮暗而祭，日不足，继之以烛。虽有强力之容，肃敬之心，皆倦怠矣。有司跛倚以临祭，其为不敬大矣。他日祭，子路与。室事交乎户，堂事④交乎阶。质明而始行事，晏朝而退。孔子闻之，曰：『谁谓由也而不知礼乎！』

【注释】

①与人：做出来给人看，即指表现。

②肆夏：大飨结束后的送宾之曲。

③大旅：因特殊情况发生而祭天之名。

④堂事：正祭毕，邀尸至堂，在堂上行傧尸之礼，故曰堂事。

【译文】

礼是追溯事物起始的产物，乐则是大功告成之后人心快乐的表达。因此，先王通过制礼以节制事情，通过作乐以陶冶情操。所以观察一个国家的礼乐，就能够了解到这个国家的治理的好坏。蘧伯玉说：『君子一类的人都很通达。』他们只要观察到了器物，就能够知道工匠的巧拙，只要观察到了人的外部表现，就能够知道他的才智。因此说：君子对于用来与人交往的礼乐是无不慎重的。

太庙之内的祭礼真是让人肃敬动容。首先，国君亲自把牺牲牵进太庙，大夫协助拿着杀牲告神的币帛跟随其后。接着，国君又亲自制祭，夫人进献盎齐之酒。然后，国君又亲自献煮熟的牲体，夫人再次献酒。在这个行礼过程中，卿大夫紧随着国君，而命妇紧随着夫人。说到他们的神情，那是毫不虚假的恭敬，那是专心致志的忠贞，又是那样迫不及待地想让祖先享用供品。牵牺牲入庙时，先在庭中告祭于神；献上生血生肉时，又在室中告祭于神；呈献熟肉时，又在堂上向神告祭。三次告祭都不在同一地方，这就意味着求神而又不知神所在的真实位置。先设正祭于堂，又设祭于庙门之外，就似乎是在询问：『神是在那边呢？还是在这边呢？』一献之礼是不够重视的，三献之礼就有点讲究了，五献之礼就礼数更加完备，至于七献之礼，那确实隆重神圣。

大飨是天子之事吗？祭品要用牛、羊、猪、鱼、干兽肉之类，这都是四海九州的珍美食物，笾、豆里的祭品，是四季和合之气所生的食物。把钟放在庙内，诸侯到来钟鼓欢迎，以显示众人和合。诸侯进献的束帛放上玉璧献于堂上，表示崇敬其德。堂下陈列贡品：宝龟在前，因它能预知；其次是铜，因为它能照见人情；丹、漆、丝、纩、竹、箭等物，表示天子与众人共有这些财物。其余的没有固定的贡物，各自根据他的国家所有而进献，这样就连远方的物品也引来了。诸侯离去的时候，奏《肆夏》乐曲送宾客，这是因为注重礼节。天子在郊外祭天，恭敬之至。宗庙的祭祀，这是仁爱的最高表现。丧礼，这是忠诚的最高表现。为丧礼准备衣服与随葬的明器，这是仁爱的最高表现。宾客赠送币帛，这是义的最高表现。所以，君子如果要观察仁义之道，观察礼仪，这是最根本、最基础的。

君子说：『甘味是五味的根本，在此基础上可以调和出百味。白色是五色的根本，在此基础上可以绘出五彩。这个道理明白了，你就知道忠信是礼的根本，只有忠信之人，才可以学礼。如果不是忠信之人，礼也不会虚浮地跟从着他。由此看来得到忠信品德的人最为可贵。』孔子说：『即使把《诗经》三百篇背得滚瓜烂熟，如果没有学过礼，就连简单的一献之礼也承担不了；懂得了一献之礼，如果不进一步学习，就未必能承担大飨之礼；懂得了大飨之礼，如果不再继续学习，就未必能承担大旅之礼；懂得了大旅之礼，未必就能担当祭天之礼。所以不要轻率地议论礼。』

子路当季桓子家的邑宰。过去季氏举行岁时的祭祖，总是天不亮就开始，忙活一天还没完，天色已黑，还得点起火把继续干。因为拖的时间太长，即使是身体强壮、诚心十足的人，也被搞得疲惫不堪。因此，许多执事的人都东倒西歪、左倚右靠地来应付差事，这实在是对祖先的大不恭敬。后来有一天，子路参与季氏祭祖，举行室内正祭时，室内室外的人在门口交接祭品；举行堂上傧尸时，堂上堂下的人在阶前交接馔具。天亮开始祭祀，到了傍晚就行礼完毕。孔子听说了这件事，说：『谁能说子路只是有勇而不懂得礼呢！』

内则

后王命冢宰降德于众兆民。子事父母，鸡初鸣，咸盥、漱，栉、縰、笄、总，拂髦、冠、緌、缨，端、韠、绅，搢笏。左右佩用。左佩纷帨、刀、砺、小觿、金燧，右佩玦、捍、管、遰、大觿、木燧。偪，屦着綦[1]。

妇事舅姑，如事父母。鸡初鸣，咸盥、漱，栉、縰，笄、总，衣、绅。左佩纷帨、刀、砺、小觿、金燧，右佩箴、管、线、纩，施縏袠；大觿、木燧，衿缨。綦屦，以适父母舅姑之所。

及所，下气怡声，问衣燠寒，疾痛苛痒；而敬抑，搔之。出入则或先或后，而敬扶持之。进盥，少者奉槃，长者奉水，请沃盥，盥卒，授巾。问所欲而敬进之，柔色以温之饘、酏、酒、醴、芼、羹、菽、麦、蕡、稻、黍、粱、秫唯所欲。枣、栗、饴、蜜以甘之，堇、荁、枌、榆，免、薨、滫、瀡以滑之，脂、膏以膏之。父母舅姑必尝之而后退。

男女未冠笄者，鸡初鸣，咸盥、漱，栉、縰，拂髦，总角，衿缨，皆佩容臭[2]。昧爽而朝，问：何食饮矣。若已食则退，若未食，则佐长者视具。

凡内外，鸡初鸣，咸盥、漱，衣服，敛枕、簟，洒扫室堂及庭，布席，各从其事。孺子蚤寝晏起，唯所欲，食无时。

由命士以上，父子皆异宫。昧爽而朝，慈以旨甘；日出而退，各从其事；日入而夕，慈以旨甘。

父母、舅姑将坐，奉席请何乡。将衽，长者奉席请何趾。少者执床与坐，御者举几。敛席与簟，县衾箧枕，敛簟而襡之。

父母、舅姑之衣、衾、簟、席、枕、几不传[3]，杖、屦祗敬之，勿敢近。敦、牟、卮、匜，非餕莫敢用，与恒食饮，非馂莫之敢饮食。父母在，朝夕恒食，子妇佐馂，既食恒馂。父没母存，冢子御食，群子、妇佐馂如初。旨甘柔滑，孺子馂。

在父母、舅姑之所，有命之，应『唯』敬对。进退周旋慎齐，升降、出入、揖游，不敢哕、噫、嚏、咳、欠、伸、跛、倚、睇视，不敢唾、洟。寒不敢袭，痒不敢搔。不有敬事，不敢袒裼，不涉不撅④，亵衣衾不见里。父母唾、洟不见。冠带垢，和灰请漱；衣裳垢，和灰请浣；衣裳绽裂，纫箴请补缀。五日则燂汤请浴，三日具沐。其间面垢，燂潘请靧；足垢，燂汤请洗。少事长，贱事贵，共帅时。

男不言内，女不言外。非祭非丧，不相授器。其相授，则女受以篚，其无篚，则皆坐奠之而后取之。外内不共井，不共湢浴⑤，不通寝席，不通乞假。男女不通衣裳。内言不出，外言不入。男子入内，不啸不指。夜行以烛，无烛则止。女子出门，必拥蔽其面，夜行以烛，无烛则止。道路，男子由右，女子由左。

【注释】

①偪：绑腿。綦：鞋带。

②容臭：香物。

③传：移动，改变。

④撅：撩起衣裳。

⑤湢：浴室。

【译文】

天子命令冢宰，教化天下百姓。儿子孝敬父母，应该是鸡刚刚啼叫，都要起来，洗脸，漱口，梳头，用束发的布帛盖上头发，用簪子固定，系上发带，整理假发做的刘海，戴上帽子，系好帽带，穿上玄端衣服，套好蔽膝，系上大带，把笏版插进大带里，用来记事。左右两边佩戴用具。左边是拭物的佩巾、小刀和磨刀石、细小的解结用的锥棍和利用日光取火的铜燧，右边戴着射箭用的钩弦用具和皮制袖套、笔管和刀鞘、解大结用的锥棍、钻木取火的木燧。腿上扎好绑腿，穿鞋系上鞋带。然后去见父母。

妇人侍奉公婆如同侍奉父母。鸡刚刚啼叫，就要起来，洗脸，漱口，梳头，扎好发髻，系上大带。左右也要佩戴，左面五件和男人相同，右边的针、针囊和线……是女人特有的。系着香囊，绑好鞋带。接着来到父母公婆的住处。

到了地方，低声下气和悦地问寒问暖。如有疾病痛痒，要谨慎地按摩搔痒。父母公婆出入走动，要或先或后恭敬地搀扶着。洗漱时，年轻的要端着盘，年长的端着水，请父母公婆洗手洗脸，洗完以后递上擦拭的巾。然后问询一天想吃些什么，并按时恭恭敬敬地送上，脸色和蔼。端上稠粥、稀粥、酒、醴酒、菜、肉羹、豆子、麦饭、大麻子饭、稻米饭、黍米饭、白粱米饭、黏米饭，让他们按照需求选用。还要加上枣子、栗子、饴糖、蜂蜜让味道甘甜，用新鲜的或晾干的堇、荁、白榆皮、刺榆皮来调和食物，让食品变柔变滑，用油脂调和，使其肥润可口。父母公婆品尝以后才能退下。

未成年男女问候父母，也应在鸡初鸣时起床，洗脸、漱口、梳头、束发，整理假发做的刘海，把头发左、右分束为两个髻，衣服缨带上系有绣囊，都装有香料。当天将明未明时前去问候父母，问候饮食。假如父母已用早餐，即可告退。如还未饮食，则协助侍奉，恭候差遣。

家中不论尊卑长幼，都应鸡刚啼叫就起来，洗漱，穿衣，然后收拾枕头、席子，再打扫住室庭堂，安排坐席，各人干各人的事情。小孩子早睡晚起，可以随心所欲，吃饭也可没有一定的时间。

儿子是朝廷命士，地位较尊，父子各有自己的寝门和居室。天色微明，到父母住处问安，把甘甜的食物孝敬他们。太阳出来以后就退下，各人做自己的事情。太阳落山再去问候，又把好吃的食物再送上表示孝敬。

清晨起床，父母、公婆将坐时，儿子、媳妇要捧着坐席询问应朝什么方向铺设。将要铺床安寝，年长的要听从父母的意思把脚的一头朝向哪个方向。年轻的要拿坐卧的器具叫父母坐下，侍者捧上几供他们倚靠，然后把他们睡觉时的簟席和被子收拾好，把被子悬挂起来，把枕头装进小箱子里，把簟席收卷起来装进袋子里。

父母公婆的衣服、被褥、床席、几案各有常所，儿子、媳妇不得随便移动。父母公婆所用的手杖，鞋子更要恭敬对待，儿子、媳妇不能乱动。父母公婆所用饮食之器，儿子、媳妇如果不是帮吃剩余食物，则不能乱动；供给父母公婆的饮食之品，若不是吃剩之物，儿子、媳妇不能食用。父母健在，日常饮食均由儿子、媳妇照顾；如有吃剩，也由儿子、媳妇吃掉。若父殁而母存，则由长子服侍母亲饮食，其他的儿子、媳妇则常在一旁照顾。父母吃剩下的食物中有美味可口柔滑的，则由孩子吃掉。

在父母公婆跟前，他们如果有事召唤，要先用『唯』答应，然后恭敬地回话。在父母公婆跟前，进退拐弯都要态度庄重，升降堂阶和出入门户都要俯身而行。在父母公婆跟前，不敢打饱嗝，不敢打喷嚏、咳嗽，不敢打呵欠、伸懒腰，不能一只脚站立，不敢东倒西歪左靠右倚，不敢斜视，不敢吐唾沫、流鼻涕。在他们跟前，感到寒冷也不敢加衣，身上发痒也不敢抓挠。在他们跟前，不是为长者干重活，不敢脱衣露臂；不是涉水，不敢撩起衣服。发现父母脸上有口水和鼻涕，要及时帮助擦掉，不能让人看见。他们的冠带脏了，就蘸着灰汁洗涤；他们的衣裳脏了，就蘸着灰汁洗濯；他们的衣裳有裂口，就穿针引线把它缝好补好。每隔五天就烧些热水让他们洗澡，每隔三天让他们洗一次头。这期间，如果脸脏了，就烧热淘米水让他们洗脸；如果脚脏了，就烧点热水让他们洗脚。年少的侍奉年长的，卑贱者侍奉尊贵者，也要按照儿子、媳妇侍奉父母公婆的礼节去做。

男子不过问由女人关心和从事的事，女子不过问当由男人关心和办理的事。如果不是举办祭祀和办理丧事，男女之间不可用手传递东西。如果一定要传递东西，那么女方要把器物放进竹筐来传递交接。如果没有竹筐，就要由递东西的人把东西放置地上，然后由接东西的人坐下把东西从地上拿走。男女不使用同一口井，不用同一间浴室洗澡，不互相共用一床寝席，不互相讨借东西，男女衣裳不能混着穿。闺门内讲的不得传之于外，闺门外讲的话不得传之于内。男子进入内宅，不能够嘘声示意，也不能用手指指点点。夜晚行路要燃着火把，没有火把就不要外出。女子出门，要用物遮面，如果是晚上行路，也要燃着火把，否则便不外出。行路，男人靠右边走，女人靠左边走。

子妇孝者敬者，父母、舅姑之命勿逆勿怠。若饮食之，虽不耆，必尝而待；加之衣服，虽不欲，必服而待；加之事，人代之，己虽弗欲，姑与之而姑使之，而后复之。

子妇有勤劳之事，虽甚爱之，姑纵之而宁数休之。子妇未孝未敬，勿庸疾怨①，姑教之。若不可教，而后怒之；不可怒，子放妇出而不表礼焉。

父母有过，下气怡色，柔声以谏。谏若不入，起②敬起孝，说则复谏；不说，与其得罪于乡、党、州、闾，宁孰谏。父母怒、不说而挞之流血，不敢疾怨，起敬起孝。

父母有婢子若庶子、庶孙，甚爱之，虽父母没，没身敬之不衰。子有二妾，父母爱一人焉，子爱一人焉，由衣服饮食，由执事，毋敢视父母所爱，虽父母没不衰。子甚宜其妻，父母不说，出。子不宜其妻，父母曰：『是善事我』，子行夫妇之礼焉，没身不衰。

父母虽没，将为善，思贻父母令名，必果；将为不善，思贻父母羞辱，必不果。

舅没则姑老③，冢妇所祭祀宾客，每事必请于姑，介妇请于冢妇。舅姑使冢妇，毋怠、不友、无礼于介妇。舅姑若使介妇，毋敢敌耦于冢妇，不敢并行，不敢并命，不敢并坐。凡妇不命适私室不敢退。妇将有事，大小必请于舅姑。子妇无私货，无私畜，无私器，不敢私假，不敢私与。妇或赐之饮食、衣服、布帛、佩帨、茝兰，则受而献诸舅姑。舅姑受之则喜，如新受赐；若反赐之，则辞，不得命，如更受赐，藏以待乏。妇若有私亲兄弟，将与之，则必复请其故，赐而后与之。

适子、庶子祗事宗子、宗妇。虽富贵，不敢以贵富入宗子之家；虽众车徒，舍于外，以寡约入。子弟犹归器，衣服、裘衾、车马，则必献其上，而后敢服用其次也。若非所献，则不敢以入宗子之门，不敢以贵富加于父兄宗族。若富，则具二牲，献其贤者于宗子。夫妇皆齐而宗敬焉，终事而后敢私祭。

饭：黍、稷、稻、粱、白黍、黄粱，稰、穛。膳：膷、臐、膮、醢、牛炙；醢、牛胾、醢、牛脍；羊炙、羊胾、醢、豕炙；醢、豕胾、芥酱、鱼脍。雉、兔、鹑、鷃。饮：重醴，稻醴清、糟，黍醴清、糟，粱醴清、糟；或以酏为醴，黍酏、浆、水、醷、滥。酒：清、白。羞：糗饵、粉酏。

食：蜗醢而苽食、雉羹，麦食、脯羹、鸡羹，析稌④、犬羹、兔羹，和糁不蓼。濡豚包苦实蓼，濡鸡、醢酱实蓼，濡鱼卵酱实蓼，濡鳖醢酱实蓼。腶脩、蚳醢，脯羹、兔醢，麋肤、鱼醢，鱼脍、芥酱，麋腥、醢、酱，桃诸、梅诸、卵盐。

【注释】

①疾怨：生气埋怨。

②起：更加。

③老：把家政传给长妇。

④析稌：淘过的米。析，通『淅』。稌，稻米。

【译文】

孝敬的儿子和媳妇，对父母公婆的吩咐，不能违背、怠慢。如果父母公婆赐给饮食，即使不爱吃，也必须尝一些；赐给衣服，即使不想穿，也必须得穿上；吩咐办的事情，有人代劳，自己虽然不愿意，已经交给人家了就姑且让他去办，等他干完干不好之后，自己再重做。

对儿子、媳妇辛勤劳苦时，父母公婆虽然特别疼爱他们，只好任他们去做，但不时地让他们休息。子女不敬不孝，不用生气埋怨，应该教育他们，如果不听教导，然后才责备他们；实在不服管教，只好驱逐儿子休掉媳妇了。并且不明说他们失礼，这才合乎忠厚之道。

父母有过错，要低声和蔼地劝说。如劝说听不进去，要更加恭敬孝顺，待父母心情好的时候再劝说。如父母又不高兴，与其得罪了乡、党、州、闾，不如继续劝说。父母发怒，不高兴打得自己头破血流，也不能怨恨，要对父母更加恭敬孝顺。

父母对贱妾，或对庶子、庶孙很喜欢，即使父母死了，要秉承父母的遗愿终身疼爱他们。儿子有两个妾，父母喜爱其中的一人，儿子却喜欢另一人，儿子喜欢的那个无论在衣服、饮食、干活方面，都不能和父母所爱的那一个攀比，即使父母去世了，也仍旧如此这样。儿子所爱的，如果父母不欢乐，就应该把她休了；如果儿子不喜欢的妻子，可父母说对他们服侍得很好，那么儿子就必须以夫妇之礼节对她，至死不变。

父母即使死了，自己也要做好事，以给父母留下好名声。将做坏事时，考虑到会给父母留下羞辱，就一定不做。

公公去世，婆婆就要把操持家务的事传给冢妇。每逢祭祀或接待宾客，尽管婆婆此时已经放权，但冢妇遇事还要请示婆婆，不敢专断。而介妇遇事则要向冢妇请示，不能直接请示婆婆。公婆叫唤冢妇，冢妇不能懈怠，也不能自恃地位特殊而对介妇不友好和无礼。公婆如果让介妇主事，介妇也不能忘乎所以，不敢与冢妇抗衡，不敢与冢妇并肩而行，不敢像冢妇那样有权发布号令，不敢和冢妇平起平坐。无论是冢妇、介妇，如果公婆没有发话让她们回自己的居所，她们就得一直在左右侍候，不敢退下。媳妇们有事想办，不管大事小事都必定要先请示公婆。当儿子当媳妇的，不可有属于自己的财货、牲畜、器物，不敢擅自借出东西，不敢擅自给人东西。媳妇如果得到娘家亲友赠送的饮食、衣服、布帛、佩巾、香草，在接受了之后要献给公婆。公婆接纳了，媳妇就感到高兴，就像自己刚接受了亲友的馈赠一样；假如公婆把东西又转赐给自己，那就要推辞；确实推辞不了，就要像重新受到公婆赏赐那样接受下来，储藏好，以备公婆缺乏时再献。媳妇如果要向娘家亲友馈赠什么东西，就要先向公婆说明原因，公婆拿出东西来赏赐自己，然后自己才能够送人。

嫡子、庶子要恭敬地对待大宗、宗妇。嫡子和庶子即使变得富贵，也不能以显贵的身份进入宗子家，车马和随从即使众多，也只能停留在门外，而以简约朴素形式进入宗子家。如果自己的子弟被赐予器物，如衣服、皮袄、被褥、车马等，必须把最好的献给宗子，自己用次一等的。如果要给宗子家所进献的物品不符合嫡长子的身份，就不能拿着它走进宗子的家门。不能用显贵身份凌驾在父兄宗族之上。祭祀时，家境富裕者要准备两头祭牲，把最好的一头挑选出来进献给宗子，宗子祭祖，小宗夫妇二人要斋戒助祭，大宗祭祀完毕后才敢进行自家祭祀。

饭类：黄黍饭、稷饭、稻米饭、白粱饭、白黍饭、黄粱饭六种谷物，每种谷物分为成熟时收获品和未成熟时收获品两类。膳食：牛肉羹、羊肉羹、猪肉羹、烤牛肉，这四者排列成第一行；肉酱、切成大块的牛肉、肉酱、切细的牛肉，这四者排列成第二行；烤羊肉、切成大块的羊肉、肉酱、烤猪肉，这四者排列成第三行；肉酱、切成大块的猪肉、芥子酱、切细的鱼肉，这四者排列成第四行；野鸡、兔子、鹌鹑、鷃雀，这四种食物排列第五行。饮料：醴酒有糟、清之分，用稻米、黍米、高粱米酿制而成的醴酒都有清糟两类。或者用粥来代替醴酒，有用黍煮的粥、酢醋、水、梅汁、寒粥。酒有两种：清酒和白酒。进献的笾、豆中所盛放的食物：大豆糗饵、米饼粉酏。

国君燕食的食物：蚌蛤酱配菰米饭，野鸡羹，麦子饭配肉羹和鸡羹，大米饭、配犬羹和兔羹。上述诸肉羹都要加入用佐料和米屑调制的汤，但不加蓼菜。煮小猪的时候，用苦菜把它包起来，去其腥味，在猪腹里塞入蓼菜。煮鸡时，加入醢酱，在鸡腹中塞入蓼菜。煮鱼时，要加入鱼子酱，在鱼腹中塞入蓼菜。在煮鳖时，要加入醢酱，在鳖腹中塞入蓼菜。吃肉干时，要配以蚁酱。吃肉羹时，配以兔肉酱。吃麋肉切片时，配以鱼肉酱。吃鱼切片时，配以芥子酱。吃生麋鹿肉时，配以醢酱肉糜。吃桃干、梅干时，配以大块盐巴。

凡食齐视春时，羹齐视夏时，酱齐视秋时，饮齐视冬时。凡和，春多酸，夏多苦，秋多辛，冬多咸，调以滑甘。牛宜稌，羊宜黍，豕宜稷，犬宜粱，雁①宜麦，鱼宜苽。春宜羔、豚，膳膏芗；夏宜腒、鱐，膳膏臊；秋宜犊、麛，膳膏腥；冬宜鲜、羽，膳膏膻。牛脩、鹿脯、田豕脯、麋脯、麕脯，麋、鹿、田豕、麕皆有轩。雉、兔皆有芼，爵、鷃、蜩、范、芝栭、菱、椇、枣、栗、榛、柿、瓜、桃、李、梅、杏、楂、梨、姜、桂。

大夫燕食②，有脍无脯，有脯无脍；士不贰羹、胾；庶人耆老不徒食。

脍，春用葱，秋用芥。豚，春用韭，秋用蓼。脂用葱，膏用薤。三牲用藙，和用醯，兽用梅。鹑羹、鸡羹、鴽，酿之蓼。鲂、鱮烝，雏烧，雉，芗，无蓼。

不食雏鳖。狼去肠，狗去肾，狸去正脊，兔去尻，狐去首，豚去脑，鱼去乙，鳖去丑。

肉曰脱之，鱼曰作之，枣曰新之，栗曰撰之，桃曰胆之，相、梨曰攒之。

牛夜鸣则庮；羊泠毛而毳，膻；狗赤股而躁，臊；鸟皫色而沙鸣，郁；豕望视而交睫，腥；马黑脊而般臂，漏。

雏尾不盈握，弗食；舒雁翠，鹄、鸮胖，舒凫翠，鸡肝，雁肾，鸨奥，鹿胃。

肉腥，细者为脍，大者为轩。或曰，麋、鹿、鱼为菹，麕为辟鸡，野豕为轩，兔为宛脾。切葱若薤，实诸醯以柔之。

羹食，自诸侯以下至于庶人，无等。大夫无秩膳。大夫七十而有阁。天子之阁，左达五，右达五；公、侯、伯于房中五，大夫于阁三，士于坫③一。

凡养老：有虞乐以燕礼，夏后氏以飨礼，殷人以食礼，周人修④而兼用之。凡五十养于乡，六十养于国，七十养于学，达于诸侯。八十拜君命，一坐再至。瞽亦如之，九十者使人受。五十异粻，六十宿肉，七十贰膳，八十常珍，九十饮食不违寝，膳饮从于游可也。

六十岁制，七十时制，八十月制，九十日修，唯绞、紟、衾、冒死而后制。五十始衰，六十非肉不饱，七十非帛不煖，八十非人不暖，九十虽得人不暖矣。五十杖于家，六十杖于乡，七十杖于国，八十杖于朝，九十者，天子欲有问焉，则就其室，以珍从。七十不俟朝，八十月告存，九十日有秩。五十不从力政，六十不与服戎，七十不与宾客之事，八十齐丧之事弗及也。五十而爵，六十不亲学，七十致政。凡自七十以上，唯衰麻为丧。

凡三王养老，皆引年。八十者一子不从政，九十者其家不从政，瞽亦如之。凡父母在，子虽老不坐。有虞氏养国老于上庠，养庶老于下庠；夏后氏养国老于东序，养庶老于西序；殷人养国老于右学，养庶老于左学；周人养国老于东胶，养庶老于虞庠，虞庠在国之西郊。有虞氏皇而祭，深衣而养老；夏后氏收而祭，燕衣而养老；殷人冔而祭，缟衣而养老；周人冕而祭，玄衣而养老。

曾子曰：『孝子之养老也，乐其心，不违其志，乐其耳目，安其寝处，以其饮食忠养之。孝子之身终，终身也者，非终父母之身，终其身也。是故父母之所爱亦爱之，父母之所敬亦敬之。至于犬马尽然，而况于人乎！』

凡养老，五帝宪，三王有乞言。五帝宪，养气体而不乞言，有善则记之为惇史。三王亦宪，既养老而后乞言，亦微其礼，皆有惇史。

淳熬：煎醢加于陆稻上，沃之以膏，曰『淳熬』。淳毋：煎醢，加于黍食上，沃之以膏，曰『淳毋』。炮：取豚若将，刲之刳之⑤，实枣于其腹中，编萑以苴之，涂之以谨涂，炮之，涂皆干，擘之，濯手以摩之，去其皽。为稻粉，糔溲之以为酏，以付豚。煎诸膏，膏必灭之。钜镬汤，以小鼎，芗脯于其中，使其汤毋灭鼎。三日三夜毋绝火，而后调之以醯醢。

【注释】

①雁：鹅。

②燕食：平常的饮食。

③坫：古代室内放东西的土台。

④修：当作『循』。

⑤刲：刺，割。刳：剖开、挖空。

【译文】

根据四时节候安排饭食。凡是饭食之类的，要像春天那样温和；凡是羹食之类的，要像夏天那样火热；凡是酱类，要像秋天那样爽凉；凡是饮料之类的，要像冬天那样冰寒。凡调味，春季能够让酸味多些，夏季能够让苦味多些，秋季能够让辛味多些，冬季能够让咸味多些。但不管哪个季节，都要同时加些滑柔甘甜的佐料，使其甜美，米饭再加点粉芡汤和蔬菜，使其柔滑。主食和肉类的搭配也要注意使二者气味相合，具体地说就是：牛肉配稻米饭，羊肉配黍米饭，猪肉配稷米饭，狗肉配粱米饭，鹅配麦子饭，鱼肉配菰米饭。春天合适吃小羊小猪，用牛油来烹饪；夏天适合吃干雉、干鱼，用狗油来烹饪；秋天适合吃小牛、小鹿，用猪油来烹饪；冬天适合吃鱼、鹅，用羊油来烹饪。国君燕食所用的美食有：牛肉干、鹿肉干、野猪肉干、麋肉干、獐子肉干，其中的麋、鹿、野猪、獐子不但能够制脯，而且能够切成薄片生吃。野鸡羹、兔羹都掺和蔬菜。还有雀、鹞、蝉、蜂、木耳、菱角、枳椇、枣子、栗子、榛子、柿子、瓜、桃子、李子、梅子、杏、山楂、梨子、姜、桂等。

大夫早晚吃常饭，有切细的肉就没有肉干，有肉干就没有切细的肉。士早晚吃常饭，有两种肉羹和大肉块，但不能重设。庶人中六十岁以上的老人早晚常食一定有肉。

调和切碎的肉，春季用葱，秋季用芥子酱。调和猪肉，春季用韭菜，秋季用蓼菜。调和脂用葱，调和膏用薤。牛、羊、猪三牲的肉配上茱萸，用醋进行调和。其他兽肉用梅酱调和。鹑肉羹、鸡肉羹、鴽，全用蓼菜调和。蒸鳊鱼、鲐鱼，烧雏鸟肉，野鸡肉，全要用香草调味，不用拌搭蓼。

不吃幼鳖。吃狼肉要除掉肠子，吃狗肉要除掉肾，吃狸肉要除掉正脊，兔要去掉臀部，吃狐肉要除掉头部，吃猪肉要去掉脑子，鱼要除掉肠子，鳖要去掉肛门部分。

牲肉去骨称为『脱』，鱼去鳞称为『作』，枣擦拭称为『新』，栗选择称为『选』，桃去毛称为『胆』，剜掉山楂和梨的虫眼称为『钻』。

如果牛夜鸣，它的肉就恶臭；羊毛稀少而多结，它的肉膻；狗的后腿内侧无毛且急躁，它的肉就臊；鸟的羽毛失去光泽而鸣声嘶哑，它的肉就有腐臭味；猪的眼向高远方看而睫毛相交，它的肉中有囊虫；马脊黑色而前胫有杂毛，它的肉就会有蝼蛄般的臭味。

雏鸡尾巴羽毛没有长到人手的一握就不可吃；鹅尾部的肉，天鹅、猫头鹰两肋的薄肉、鸭尾、鸡肝、鹅肾、鸨脾、鹿胃等等，都是不能吃的。

生肉切细叫『脍』；切成大片叫『轩』。有人说麋肉、鹿肉、鱼肉粗切叫『菹』；獐子肉细切调酱叫作『辟鸡』；野猪肉粗切成大片叫『轩』；兔肉细切末调酱叫『宛脾』。再把葱或薤切碎，和肉一块浸在醋中，可使肉变软柔滑。

羹、饭是日常主食，从诸侯到庶人日常都有羹与饭，没有差别。大夫不常有美食，大夫年七十而后有经常放置美食的木架。天子放置美食的阁，序外两夹室，左夹室五个阁架，右夹室五个阁架。公、侯、伯放美食的阁在房中，共有五个阁架。大夫在夹室中有三个阁架，士在室中设一土台放置食物。

凡人养老之礼，各朝不同：有虞氏用燕礼，夏后氏用飨礼，殷代用食礼，周代遵循古法而三礼兼用。五十岁就能参加乡里的养老宴，六十岁就能参加国家在小学举行的养老宴，七十岁以上就能参加大学里的养老宴。这种规定从天子到诸侯国都适用。八十岁的老人拜受君命时只要跪下去磕头两次就可以了，盲人拜受君命也可这样。九十岁的老人可以让别人代拜君命。五十岁以上可以吃与壮年人不同的细粮，六十岁以上可以有预备的肉食，七十岁以上可有两份膳食，八十岁以上可以常吃时鲜珍馐，九十岁以上可以在寝室里就餐，出游时也可以让人随带食物。

超过六十岁每年都要准备丧具，超过七十每季都要准备丧具，超过八十每月都要准备丧具，超过九十每天都要修缮丧具，只有殓时用的绞、衾、冒等，是到人死后才制成的。五十岁人开始衰老，六十岁不吃肉就不能满足身体需要，七十岁不穿丝织物就不暖和，八十岁不靠别人的体温就不暖和，九十岁尽管靠别人的体温也不暖和了。年过五十能够在家里拄杖，年过六十能够在乡里拄杖，年过七十能够在国都拄杖，年八十能够在朝廷上拄杖。年过九十的人，天子想问什么事情，就亲自到他家，还要携带一些珍贵的物品去。年过七十能够不在朝廷上等朝会结束，年过八十国君每月派人去询问国事并进行慰问，年过九十国君每天派人向他赠送常用的美食。年过五十不服劳役，年过六十不服兵役，年过七十不参加宾客应酬，年过八十能够不参与祭礼和丧礼。年过五十而受爵位，年过六十不去往学校学习，年过七十退休。凡超过七十的人，若有丧事只须穿丧服，不必参与丧礼的仪式。

夏、殷、周三代的天子，都根据户籍核定年龄，确定免除赋税徭役的对象。家有八十岁的老人，可以有一个不服徭役；家有九十岁的老人，全家都可不服徭役；家中有盲人也是如此。凡是家中有年老的父母健在，他们的儿子即使年纪也很大了，但在父母面前也不能坐着。有虞氏的时代，在上庠宴飨国老，在下庠宴飨庶老；夏后氏在东序宴飨国老，在西序宴飨庶老；殷代在右学宴飨国老，在左学宴飨庶老；周代在东胶宴飨国老，在虞庠宴飨庶老，虞庠在王城的西郊。有虞氏的时代，祭祀时戴皇，参加养老礼时穿深衣；夏代祭祀时戴收，参加养老礼时穿燕衣；殷代祭祀时戴冔，参加养老行时穿缟衣；周代祭祀时戴冕，参加养老礼时穿玄衣。

曾子说：『孝子的养老，首先在于使父母内心快乐，不违背他们的旨意；其次才是言行循礼，使他们听起来高兴，看起来快乐，使他们起居安适，在饮食方面尽心侍候周到，直到孝子去世。所谓『终身』孝敬父母，不是说终父母的一生，而是终孝子自己的一生。所以，虽然父母已经去世，但他们生前所爱的，自己也要爱；他们生前所敬的，自己也要敬；就是对他们喜欢的犬马也都是如此对待，更何况对他们爱敬的人呢！』

凡举行养老之礼，五帝时着重于效法他们的德行，以为榜样，三王时除了有效法的含义以外，还在养老典礼上请他们训话。五帝时着重于效法他们，为了颐养他们的身心，就没有设下『乞言』这个节目，只是把他们的优良德行记载下来，成为敦厚之史。三王养老也效法老人们的德行，但在养老典礼临近结束时要请他们训话，留下宝贵意见，但这样做也不是硬性强迫，而是随老人们的意愿。三王也要把老人的善言厚德记录下来，成为敦厚之史。

淳熬，就是把煎过的肉酱，加在陆地产的稻米上，再浇上油，就是『淳熬』。淳毋，就是把煎过的肉酱，加在黍米上，再浇上油，就是『淳毋』。

炮：取小猪或公羊，杀后将腹中掏空，用枣填满腹中，用芦苇编的席包裹，用黏土秸草封闭起来，用火烧烤，等涂封的泥都干了，然后打开，再洗手搓摩，除去肉表的薄膜；碾稻米粉，用水搅合为粥状，敷在猪肉的外表，然后用油煎，所用油量必须能将猪或羊盖住；用一只大锅盛热水，将盛有小猪或羊肉脯的小鼎放置于大锅内，大锅中的热水不能没过小鼎，煨上三天三夜不要绝火，而后再用醋和肉醢进行调和。

捣珍：取牛、羊、麋、鹿、麕之肉，必脄，每物与牛若一，捶反侧之，去其饵，熟，出之，去其皽，柔其肉。

渍：取牛肉必新杀者，薄切之，必绝其理，湛诸美酒，期朝而食之以醢若醯、醷。

为熬：捶之，去其皽，编萑，布牛肉焉，屑桂与姜，以洒诸上而盐之，干而食之。施羊亦如之。施麋、施鹿、施麕皆如牛羊。欲濡肉，则释而煎之以醢，欲干肉，则捶而食之。

糁：取牛、羊、豕之肉，三如一，小切之，与稻米。稻米二，肉一，合以为饵，煎之。

肝膋：取狗肝一，幪之以其膋，濡炙之，举燋，其膋不蓼。取稻米，举糔溲之，小切狼臅膏，以与稻米为酏①。

礼始于谨夫妇。为宫室，辨外内，男子居外，女子居内。深宫固门，阍、寺守之。男不入，女不出。男女不同椸枷②，不敢县于夫之楎椸，不敢藏于夫之箧笥，不敢共湢浴。夫不在，敛枕箧簟席，襡器而藏之。少事长，贱事贵，咸如之。夫妇之礼，唯及七十，同藏无间。故妾虽老，年未满五十，必与五日之御。将御者，齐、漱、浣，慎衣服，栉、縰、笄、总角，拂髦，衿缨，綦屦。虽婢妾，衣服饮食必后长者。妻不在，妾御莫敢当夕。

妻将生子，及月辰，居侧室。夫使人日再问之。作③而自问之。妻不敢见，使姆衣服而对。至于子生，夫复使人日再问之。夫齐，则不入侧室之门。子生，男子设弧于门左，女子设帨于门右。三日、始负子，男射女否。

国君世子生，告于君，接以大牢，宰掌具。三日，卜士负之。吉者宿齐，朝服寝门外，诗负之。射人以桑弧、蓬矢六，射天地四方。保受，乃负子。宰醴负子，赐之束帛。卜士之妻，大夫之妾，使食子。

凡接子择日，冢子则大牢，庶人特豚，士特豕，大夫少牢，国君世子大牢。其非冢子，则皆降一等。异为孺子室于宫中。择于诸母与可者，必求其宽裕、慈惠、温良、恭敬、慎而寡言者，使为子师，其次为慈母，其次为保母，皆居子室。他人无事不往。

三月之末，择日剪发为鬌④。男角女羁；否则男左女右。是日也，妻以子见于父，贵人则为衣服，由命士以下皆漱、浣。男女夙兴，沐浴，衣服，具视朔食。夫入门，升自阼阶，立于阼，西乡。妻抱子出自房，当楣立，东面。姆先相曰：『母某敢用时日祇见孺子。』夫对曰：『钦有帅。』父执子之右手，咳而名之。

妻子曰：『记有成。』遂左还授师子，师辩告诸妇、诸母名，妻遂适寝。夫告宰名，宰辩告诸男名，书曰：『某年、某月、某日某生』而藏之。宰告闾史，闾史书为二，其一藏诸闾府，其一献诸州史。州史献诸州伯，州伯命藏诸州府。夫人食，如养礼。

世子生，则君沐浴朝服，夫人亦如之，皆立于阼阶，西乡。世妇抱子升自西阶。君名之，乃降。适子、庶子见于外寝⑤，抚其首，咳而名之。礼帅初，无辞。

【注释】

①酏：指稠粥。

②椸枷（yí jià）：衣架。

③作：指感到胎儿在腹内躁动。

④鬌：未剪的胎发。

⑤适子：太子同母弟。庶子：妾生之子。外寝：燕寝。

【译文】

捣珍：必须取牛、羊、麋、鹿、獐子肉，每一样都与牛肉一样多，捶捣碎，去掉筋腱，煮熟，去掉薄膜，食用时再用醋与肉酱调和而成。

渍法：新杀的牛肉切成薄片，必须横断肉的纹理，然后用美酒浸泡。今天早晨泡了明早就可吃了。吃的时候用肉酱、醋或梅浆调味。

熬珍制作方法：先把牛肉剁碎成酱，除去薄膜与筋腱，用芦苇编成的帘把牛肉铺在上面，再撒上切碎的桂、姜，洒上食盐，再在火上烤炙（即可食用）。制作羊肉也这样。制作麋肉、鹿肉、獐子肉，也都与牛、羊肉一样。如不想吃干肉，则用水泡软，再用肉酱煎了吃。如想吃干肉，则剁碎，便可食用。

肝膋的制法是：取一个狗肝，用它的肠脂油把它包起来，使肠脂浸润狗肝，放在火上烘烤。等脂油全部烤焦了，这时肝就烤熟了。吃的时候不用加蓼菜。

糁：取牛、羊、猪的肉，各三分之一，切割成小片，稻米饭、米和肉的比例是二分之一，掺和成饼，然后煎食。

取稻米加水调和，加入切碎的胸腹里的脂油，和稻米饭一起制成稠粥。

礼，始于严谨的夫妇之礼，建造宫室，要严格区别内外正寝与燕寝。男子居外，女子居内。宫殿深邃，宫门重重，门外有阍人把守，后宫有寺人掌管。男人不得入内，女人不得出外。男女不使用共同的衣架。做妻子的不敢把自己的衣服挂在丈夫的衣架上，不敢把自己的衣服存放到丈夫的衣箱里，不敢和丈夫在同一间浴室洗澡。丈夫若不在家，妻子就要把丈夫的枕头收到箱子里，簟席也收起来，丈夫的其他用器也都收藏妥当。年少的侍奉年长的，卑贱者侍奉尊贵者，也都应如此。按照夫妇之礼，只有夫妻到了七十岁，两口子才能不避嫌地一直同居共寝，无须分居两室。所以妾即使年老，只要尚未年满五十，就必须每五天轮流一次侍夜。轮到哪一位侍夜，就要像臣之朝君那样，要先斋戒，洁净内外，穿上合乎身份的衣服，梳好头发，系上香囊，穿好鞋子，毕恭毕敬地前去。即使是受到主人宠爱的婢妾，她的衣服和饮食也要比长者差一等。不论是国君还是卿大夫士，如果正妻不在家，那么轮到正妻侍夜的那一夜，妾也不敢前往夫寝代替正妻侍夜，而必须把这一夜空下来，以严妻妾之别。

妻子到了快要分娩的月份，于初一日移到侧室中居住。丈夫派人每天问候两次，但到妻自感将要临产则丈夫亲自去问候。这时妻不敢亲自出见，派女师穿戴整齐答复丈夫的问候。到孩子出生，丈夫再派人每天问候两次。（但如在此期间）丈夫有祭祀斋戒之事，则不能进入侧室之门。孩子生下以后，如果是男孩，就在侧室门左侧悬挂一张木弓，如果是女孩，就在侧室门右侧悬挂一条佩巾。过三天，才将孩子抱出来，如果是男孩，就行射礼，女孩就不用了。

国君的嫡长子出生，即向国君汇报，在房内以太牢之礼迎接世子的出生。太牢之礼由膳宰掌控。出生第三日，以占卜选一吉士抱小孩。这位选取的吉士要头一天斋戒，第二天早晨穿着朝服在路寝门外等待，用双手接过孩子。这时射人以桑木弓和六根蓬草矢向天地四方射出。然后，保姆从吉士手中接过孩子抱着。膳宰以一献之礼感谢吉士，并赐他束帛。此后还要通过占卜，挑选一位士的妻，或一位大夫的妾，作为世子的乳母（哺乳抚养）。

举行接子仪式，一定要选择三天之内的吉日。接天子的嫡长子用牛、羊、猪三牲，接庶人的嫡长子用一头小猪，接士的嫡长子用一头大猪，接大夫的嫡长子用一羊和一猪，接国君的嫡长子用牛、羊、猪三牲。如果不是嫡长子，接子之礼就都降一等。

国君生子，要为小孩在宫中单独辟一室居住。从国君的众妾及妃嫔和保姆中，选择性情宽厚慈惠、态度温良恭敬、为人谨慎寡言的人做小孩的老师。其次还要从这些人中挑选小孩的慈母和保姆。她们都和小孩住在一起，其他人无事，不到小孩居室去。

孩子在出生三个月后，要选择吉日，为孩子剪去胎发，但要留下一部分胎发：男孩在囟门两旁留『角』，女孩在头顶留下十字形叫作『羁』的头发，不然，男孩就留下左边的胎发，女孩留下右边的胎发。这天妻子带着孩子去见父亲。如果父亲是卿大夫，夫妇这天就要换上新衣服，自命士以下的身份穿上洗刷干净的衣服。男女这天都要早起，沐浴更衣。入食的馔具比照每月初一的膳食的等级。夫进入侧室的门，从阼阶登堂，脸朝西站立。妻抱子走出房门，在屋楣的下方站立，脸朝东站立。保姆站在妻子侧面稍前的位置，帮她传话说：『孩子的母亲某氏，让幼子敬见父亲。』丈夫回答说：『你要教导孩子敬循善道。』父亲抚摸孩子的右手，另一手托着孩子的下巴并给他取名。妻代儿子回答：『谨记父亲的话，将来有所成就。』于是左转身把孩子交给女师，女师把孩子的名字遍告诸妇、诸母。妻子返回燕寝中去。夫把孩子的名字告诉宰，宰就遍告宗族中的子弟，在简册上记载道：『某年某月某日，某生。』然后就收藏起来。宰又把名呈报给闾史，闾史将名字书写为两份，一份收藏到闾府，把另一份献给州史。州史又献给州伯，命令把它收藏在州府中。夫在礼仪完毕后就返回燕寝，与嫡妻共食，如同平时受家人供养的常礼。

如果是太子出生，剪发取名的那天，国君要沐浴，身穿朝服，面朝西站立在阼阶上。夫人也是如此。这时世妇抱着太子从西阶登堂，国君给太子取名后告退。如果是嫡子或庶子，国君就在外寝接见，抚摸着孩子的头和下巴并给他取名，这遵循为太子取名的礼仪，没有对答词。

凡名子，不以日月，不以国，不以隐疾。大夫、士之子，不敢与世子同名。

妾将生子，及月辰，夫使人日一问之。子生三月之末，漱，浣，夙齐，见于内寝①，礼之如始入室。君已食，彻焉，使之特馂，遂入御。

公庶子生，就侧室。三月之末，其母沐浴，朝服见于君，摈者以其子见。君有所赐，君名之。众子，则使有司名之。

庶人无侧室者，及月辰，夫出居群室。其问之也，与子见父之礼无以异也。

凡父在，孙见于祖，祖亦名之，礼如子见父，无辞。

食子者三年而出，见于公宫则劬。大夫之子有食母，士之妻自养其子。

由命士以上及大夫之子，旬而见。冢子未食而见，必执其右手；适子、庶子已食而见，必循其首。

子能食食，教以右手；能言，男『唯』女『俞』。男鞶[2]革，女鞶丝。六年，教之数与方名。七年，男女不共席，不共食。八年，出入门户及即席饮食，必后长者，始教之让。九年，教之数日。十年，出就外传，居宿于外，学书计。衣不帛襦袴。礼帅初，朝夕学幼仪，请肄简谅。十有三年，学乐、诵诗、舞《勺》。成童，舞《象》，学射、御。二十而冠，始学礼，可以衣裘帛。舞《大夏》，惇行孝弟，博学不教，内而不出。三十而有室，始理男事，博学无方，孙友视志。四十始仕，方物出谋发虑。道合则服从，不可则去。五十命为大夫，服官政。七十致事。

凡男拜，尚左手。

女子十年不出，姆教婉、娩、听从；执麻枲[3]，治丝茧，织纴、组、紃，学女事，以共衣服；观于祭祀，纳酒浆、笾豆、菹醢，礼相助奠。十有五年而笄；二十而嫁；有故二十三年而嫁。聘则为妻，奔则为妾。

凡女拜，尚右手。

【注释】

①内寝：嫡妻寝室。

②鞶（pán）：盛佩巾的小囊。

③枲（xǐ）：大麻。

【译文】

凡给子起名，不用日月名，不用国名，不用身体隐蔽之处的疾病名。大夫、士的儿子不敢与太子同名。

妾将生子，临产那个月，夫每天派人问候一次。子生下后三个月的月末，妾要穿洗干净的衣服，头一天要斋戒，后抱孩子到燕寝行见父礼。夫用妾刚嫁到时的礼接待她，即夫和嫡妻用餐后，将剩下的饭让妾单独吃，接着便侍候夫过夜。

诸侯国君的庶子将出生，临产的妾要住到侧室去。庶子出生三个月的月末，孩子的母亲要沐浴，穿朝服，由傧者抱孩子同去见国君。君对生子的妾如果特加恩赐，就为这个庶子取名。一般众妾所生的子就让官吏取名。

庶人没有侧室的，到了妻临产的那个月，夫就搬出寝室。夫问候妻，和子见父的礼仪没有什么不同。

凡是新生儿的祖父在世，那么到了三月之末，新生的孙儿去见祖父，也就由祖父给孩子取名，礼仪同子见父一样，但不说告诫的话。

负责喂养国君太子的妇人，三年才可以回家。临行前要到国君的宫中告词，国君要对她们加以慰劳和赏赐。大夫之子有乳母，士的妻自己喂养孩子。

命士以上到大夫之子，生子后十天即行见父礼。如果是嫡长子，父在未与嫡妻行共餐礼之前就先见，见子时必须握着子的右手；如果是嫡子或庶子，父就在与妻行共餐礼之后再见。见子时必须抚摸子的头。

幼儿会自己吃饭了，就要教他运用右手；幼儿会说话了，就要教他们学会答话，男孩用『唯』，女孩用『俞』。身上带的囊袋，男孩的以皮革做成，女孩的以丝帛做成。到了六岁，要教他识数和分辨东南西北。到了七岁，开始教导男女有别，男孩和女孩，坐不同席，吃饭也不同席。到了八岁，出门进门，上桌吃饭，必定要让长者在前，开始让他们懂得敬让长者的礼仪。到了九岁，要教他们懂得朔望和六十甲子的记日。到了十岁，女孩就要留在家中，而男孩则要离开家跟随外边的老师学习，在外面的小学里住宿，学习识字和算术。这时候穿的衣裤都不用帛来做，以防止奢靡之心产生。以前所教的规矩，还要遵循不能懈怠。早晚学习少儿应当遵循的礼仪，学会以诚待人。到了十三岁，开始学习乐器，读诵诗歌，学习舞《勺》。到了十五岁，要学习舞《象》，学习射箭和驾车。到了二十岁，举办加冠礼，表示已是成人了，就要开始学习仪礼。这时候能够穿皮衣，穿帛制之衣，舞《大夏》之舞。要笃行孝悌，广泛地学习各种知识，但还不足以为人师表。到了三十岁，娶妻成家，开始受田服役，要广泛求教，学无常师，对朋友谦虚，与志向远大者交往。到了四十岁，开始做官，出谋划策都要再三考虑，如果君臣道合则就职任事，不然就离开。到了五十岁，受命为大夫，担任国家的行政长官。到了七十岁，年老体衰，就该告老退休。

凡男子行拜礼，左手在上，右手在下。

女子在十岁时就不再出门，由女师教她们如何言语委婉、尊崇长者，听从他人的吩咐；教她们绩麻治枲、养蚕缫丝，织帛织缯，编带编绳等女人活计，以供衣服之用；教她们观察祭祀仪式、传递酒浆、笾豆、腌菜、肉酱等祭器祭品，帮助安放祭奠礼仪使用的馔具，以备将来祭祀之礼。到了十五岁就举行笄礼；到了二十岁出嫁；如遭遇父母丧事，就推迟到二十三岁后出嫁。凡接受男家的聘礼而嫁的女子就是妻，没有接受聘礼而嫁的女子就是妾。

凡是女子相拜见，右手应放在左手上面。

玉藻

天子玉藻，十有二旒，前后邃延，龙卷以祭。

玄端而朝日于东门之外，听朔于南门之外，闰月则阖门左扉，立于其中。

皮弁以日视朝，遂以食；日中而馂，奏而食。日少牢，朔月大牢。五饮：上水、浆、酒、醴、酏。卒食，玄端而居。

动则左史书之，言则右史书之，御瞽几声之上下。年不顺成，则天子素服，乘素车，食无乐。

诸侯玄端以祭，裨冕以朝。皮弁以听朔于大庙，朝服以日视朝于内朝。

朝，辨色[1]始人。君日出而视之，退适路寝听政，使人视大夫，大夫退，然后适小寝，释服。

又朝服以食。特牲，三俎。祭肺，夕深衣，祭牢肉。朔月少牢，五俎四簋。子卯稷食菜羹。夫人与君同庖。

君无故[2]不杀牛，大夫无故不杀羊，士无故不杀犬豕。君子远庖厨，凡有血气之类，弗身践也。至于八月不雨，君不举。年不顺成，君衣布搢本，关梁不租，山泽列而不赋，士功不兴，大夫不得造车马。

卜人定龟，史定墨，君定体。

君羔幦虎犆；大夫齐车鹿幦豹犆，朝车；士齐车鹿幦豹犆。

君子之居恒当户，寝恒东首。若有疾风、迅雷、甚雨，则必变，虽夜必兴，衣服冠而坐。

日五盥，沐稷而靧粱。栉用樿栉，发晞用象栉。进禨进羞，工乃升歌。浴用二巾，上絺下绤。出杅，履蒯席，连用汤，履蒲席，衣布晞身，乃屦，进饮。将适公所，宿齐戒，居外寝，沐浴。史进象笏，书思对命。

既服，习容观，玉声，乃出。揖私朝，烨如也，登车则有光矣。

天子搢珽，方正于天下也。诸侯荼，前诎后直，让于天子也。大夫前诎[3]后诎，无所不让也。

侍坐则必退席，不退则必引而去君之党。登席不由前，为躐席。徒坐不尽席尺。读书，食，则齐。豆去席尺。

若赐之食而君客之，则命之祭然后祭。先饭，辩尝羞，饮而俟。若有尝羞者，则俟君之食，然后食。饭，饮而俟。君命之羞，羞近者，命之品尝之，然后唯所欲。凡尝远食，必顺近食。君未覆手，不敢飧。君既食，又饭飧。饭飧者，三饭也。君即彻，执饭与酱，乃出授从者。

凡侑食，不尽食。食于人不饱。唯水浆不祭，若祭，为已偞卑。

君若赐之爵，则越席再拜稽首受，登席祭之；饮，卒爵而俟，君卒爵，然后授虚爵。君子之饮酒也，受一爵而色洒如也，二爵而言言斯，礼已三爵，而油油以退。退则坐取屦，隐辟而后屦，坐左纳右，坐右纳左。

凡尊必上玄酒。唯君面尊。唯飨野人皆酒。大夫侧尊，用棜；士侧尊，用禁。

始冠缁布冠，自诸侯下达，冠而敝之可也。玄冠朱组缨，天子之冠也。缁布冠缋緌，诸侯之冠也。玄冠丹组缨，诸侯之齐冠也。玄冠綦组缨，士之齐冠也。缟冠玄武，子姓之冠也。缟冠素纰④，既祥之冠也。垂緌五寸，惰游之士也。玄冠缟武，不齿之服也。居冠属武，自天子下达，有事然后緌。五十不散送。亲没不髦。大帛不緌。玄冠紫緌，自鲁桓公始也。

朝玄端，夕深衣⑤。深衣三袪，缝齐倍要。衽当旁，袂可以回肘。长、中继揜尺。袷二寸，袪尺二寸，缘广寸半。以帛里布，非礼也。士不衣织。无君者不贰采。衣正色，裳间色。非列采不入公门，振絺、绤不入公门，表裘不入公门，袭裘不入公门。纩为茧，缊为袍，禅为絅，帛为褶。朝服之以缟也，自季康子始也。孔子曰：『朝服而朝，卒朔然后服之。』曰：『国家未道，则不充其服焉。』唯君有黼裘以誓省，大裘非古也。

【注释】

①辨色：天色微明可辨物事。

②故：祭祀、宴飨宾客之事。

③诎（qū）：弯曲。

④纰（pí）：边缘。

⑤深衣：其他衣服都是上衣与下裳不相连接，而深衣则衣裳相连，被体深邃，故曰深衣。

【译文】

天子在祭祀时戴的冕冠上悬着十二条五彩丝绳贯穿着玉珠的旒，在冕板前后悬垂着，一直到肩部，身上要穿上龙袍，然后才能祭祀。

在国门东门的外面举行春分之日朝日的祭礼，每月初一在国门南门外面明堂的每月相应的房室内，举行听朔之礼，颁政令，理政务；逢闰月，天子站应门中要合上左边的门扉，打开右边门扉，站在里面行听朔理政。

天子每日视朝戴着白鹿皮冠穿素衣素裳，退朝后，仍穿着皮弁素服朝食；到了中午增加一餐，吃的是早饭的剩余东西。吃饭时要奏乐。每天的饭食，只用猪、羊二牲，朔日就增为牛、羊、猪三牲。饮料有五种，以水为上，还有酸浆汁、酒、醴酒、稀粥等。饭后换玄端，而后入内寝休息。

天子的行动由左史记载，言语由右史记载。乐人负责审音，辨乐声高下而察政政治得失。年景不好，遇上水旱之灾，那么天子要穿素服，乘素车，吃饭时也不奏乐。

诸侯祭祀先君时要戴玄冕之服。朝见天子时就戴裨冕之服，在太庙听朔要戴皮弁，平日视朝在路寝门外，穿玄衣素裳的朝服。

大臣朝见国君，天色微明时才开始入朝。国君在日出后接见群臣，然后退到路寝听政，大夫有事要讲就入内，没有就退下。然后国君回燕寝，脱去朝服，换上玄端服。

诸侯朝食的时候要穿朝服。早饭要杀一头猪，设三俎，即猪肉、鱼肉、干肉。吃之前要先切割一块猪肺祭奠。晚上吃饭要穿深衣，祭礼用切成小段的肉。初一用猪羊二牲，加上五俎，主食四簋。子卯忌日，国君要减食，即降低膳食标准，以稷为饭，以菜为羹。国君夫人和国君同样饭食，不专门杀牲。

没有祭祀、宴飨宾客之事，诸侯不能杀牛，大夫不能杀羊，士不能杀狗和猪。凡有仁爱之心的君子，都离庖厨远远的，避免耳闻目睹禽兽被宰杀。对于一切有生命的动物，君子是不会亲自下手宰杀的。如果连续八个月不下雨，造成旱灾，国君的膳食就不能杀牲。如果年景不好，国君要自我贬损，穿麻布衣服，插竹制之笏，在关口和过桥之处不收租税，不到节令不许进入山泽采伐渔猎，也不征税，不兴土木工程，大夫也不准造新车。

占卜时，由卜师审定龟甲的裂纹，由太史判定裂纹的大小，最后由国君决定吉凶。

国君的斋车以羊羔皮覆盖车轼，虎皮为缘饰。大夫的斋车，以鹿皮作足踏，豹皮为缘饰，大夫的朝车，与大夫的斋车装饰相同；国君的朝车、士人的斋车都用鹿皮作足踏，豹皮为缘饰。

君子居处总是对着门，寝时头总是朝着东方。如果有疾风、响雷、暴雨天气，君子就必须改变居处、燕寝的位置，即使是夜里也要起来，穿衣戴冠，坐在房中等待天气变化。

君子每天要洗五次手。用淘稷米的水洗头，用淘粱米的水洗脸。梳理刚洗完的湿发，要用白理木制作梳子，头发干了之后容易发涩，这时要用象牙梳子。洗过以后，要喝点酒，吃些东西，同时命乐工升堂唱歌，这对消除疲劳有益处。洗澡的时候，要用两种浴巾擦身：擦上身用细葛巾，擦下身用粗葛巾。从浴盆中出来，要先站在蒯席上面，用热水冲洗双脚，然后再脚踩蒲席，穿上布衣来吸干身上水滴，最后穿上鞋子，接着再喝点酒，吃些东西，听听音乐，以恢复疲惫。做臣子的将去朝见国君，就要在前一天斋戒，沐浴，在外寝将息。史献上记事用的象笏，大夫就将见君时想要告诉国君的话、君有所问则自己将怎样回答、执行君命的情况等都简洁地写在上面，以防临时有所遗忘。朝服穿戴整齐以后，要先练习一下自己的仪容举止，使佩玉之声和行走的节拍相合，然后才启程。由于做了以上准备，因此在私朝和家臣揖别时，就显得神采飞扬；到了上车时，就更是容光焕发了。

天子插在腰带间的珽，其形制上呈尖锥形，下部方正，表示天子治理天下方正公平，诸侯插在腰带间的荼，荼前圆而后直，表示诸侯屈服于天子。大夫插在腰带间的笏前后两端都作圆形，表示大夫对天子、诸侯都要屈服。

臣子陪侍国君坐，必定要把自己的坐席向侧后退一点。假如国君不让后退，也必定要向后坐，远离国君所坐之处。登席入座，要按次序，由下而升，不然就是『躐席』。空坐的时候，身子要与席的前沿保持一尺的距离。读书时为了使尊者听见读书声，吃饭时为了避免弄脏席子，因此在这两种情况下，身子要坐得与席缘齐平。盛食物的豆离席有一尺远的距离。

如果国君赐臣子吃饭，而且是以客礼招待臣子，那么臣子在进食以前要祭食，但也要先奉君命，然后再祭。祭过以后，臣子要先尝遍各种食品，然后缓慢地喝汤，以等待国君先吃。如果有膳宰尝食，则臣子既不必祭，也不必尝，而是等待国君吃过之后再吃，国君吃饭时，自己能够喝点汤。国君命令臣子吃菜，臣子应该先吃附近的菜。国君命令臣子尝遍各种菜，然后臣子才能够想吃什么菜就吃什么菜。不管国君是否以客礼相待，凡是想食用远处的菜肴，必定要从近处开始，按照顺序，由近而远。臣子陪侍国君吃饭，国君没有用手擦嘴角，臣子不敢劝食。在国君表示吃饱之后，臣子还要向国君劝食。劝食的礼节是臣子用汤浇饭吃，但以吃三口为限。国君吃饱退席之后，侍食的臣子就能够携带吃剩的饭与酱，出门授给自己的侍从以带回家，因为这是国君赐给的。

凡陪侍尊者吃饭，不能把食物吃尽。凡是做客，都不要吃饱。到和自己身份相等的人家吃饭，吃之前都应先祭，只有水、浆可不行食前祭礼，如果用水、浆祭祀，就太降低自己的身份了。

国君如果赐给臣酒，臣就越过自己的坐席上前行稽首礼，接受酒回坐，行祭礼后饮干。等国君饮干，把空杯给侍者。君子陪侍饮酒，接受国君赐下的第一杯酒神色庄重，接受国君赐下的第二杯酒时，神色温和恭敬，依礼饮下三杯而喜悦恭敬地退席，退的时候要坐着拿起脱下的鞋，到隐蔽处穿上，穿右脚时跪左腿，穿左鞋时跪右腿。

凡是设樽必以玄酒为上，表示尊古。只有国君对着酒樽，表示国君专有赐予臣下。只有宴飨农人时都用一般的酒，而不用玄酒。士大夫饮酒，设樽于旁侧，以示不是主人专有，与宾客共享。但大夫用棜，士用禁放樽。

行冠礼时，第一次加的冠是缁布冠，上到诸侯下到士，都是这样。这种缁布冠在行过冠礼之后就不再戴，能够任其破败。天子行冠礼时，第一次加的冠是玄冠，以朱红色的丝带为帽带。诸侯行冠礼时，第一次加的冠尽管是缁布冠，但配上彩色的帽带。玄冠而配以红色的丝质帽带，这是诸侯斋戒时所戴的冠。玄冠而配上青黑色的丝质帽带，这是士斋戒时头戴的冠。用白色生绢制冠而冠圈染为玄色，这种以白表凶以玄表吉的凶吉参半之冠，是孙子在祖父去世后父亲丧服未除而自己丧服已除时所戴之冠。用白色的生绢制冠，又用白绫为冠沿镶边，这是孝子在大祥之后戴的冠。游手好闲的惰游之民，其所戴冠与孝子大祥之后所戴之冠一样，但冠缕只准有五寸长。玄冠而配上白色生绢作的冠卷，这是那些不服管教，该放逐的人所戴之冠。闲居时头戴的冠，其冠缕不下垂，而要分别挂到冠圈两侧。这种行为，自天子以下都能用。只有有事时才垂。五十岁的人已进入老年，在送葬时能够不让腰绖散垂。父母去世之后，做子女的就不必再戴『髦』了。用白缯制的素冠不兴垂缕作饰，由于这是一种凶冠。玄冠而配上紫色帽带，这是从鲁桓公开始的。

早晨穿玄端，晚上穿深衣，这是大夫、士闲居时的着装。深衣袖周长二尺四寸，腰围三倍即七尺二寸，其下摆又比腰大一倍。深衣的衣襟开在旁边，袖子的大小则应使手肘可在袖内屈伸。穿在深衣里头的中衣或长衣，其袖子比外衣长，其延长部分向上遮盖于手臂上要有一尺。深衣及中，长衣的衣领宽二寸，深衣的袖口宽长一尺二寸，下裳的绲边均一寸半。外衣和中衣的质地要相配，如果外衣用布制作，而中衣却用帛制成，这就不合于礼。士的阶层低贱，不能用先染丝而后织成的帛做衣料，只能穿纺织后再染色的缯帛。离开本国的大夫士，上衣与下裳应该颜色一致。凡是上衣的颜色，要用正色，凡是下裳的颜色，要用杂色。不是穿着正装，而是穿着不同色的服装是不可进入公门的；夏天光穿着细、粗葛布衣服，也是不可进入公门；冬天光穿着皮裘这层衣服，也是不可进入公门的，掩住礼服上襟，不使裼衣的领缘露出，这是对国君不够恭敬的装束，所以也不可进入公门。用新丝锦套到夹衣里制成的衣叫茧，用陈旧丝绵套到夹衣里制成的衣叫袍，有面无里的单衣叫䌹，用帛做面和里但中间任何东西也不套的衣叫褶。朝服本是用麻布做的，改为用白色生绢来做，是从鲁国的季康子开始的。孔子说：『上朝时都应穿朝服。国君在听朔时要穿皮弁服，听朔礼毕又换上朝服。』又说：『在国家多灾多难的时候，国君的礼服就不必求其全备了。』国君才可以穿着黼裘去参加为祭社而举行田猎的仪式，而有的人竟然穿着天子祭天的大裘去参加，这不符合古制。

君衣狐白裘，锦衣以裼之。君子之右虎裘，厥左狼裘。士不衣狐白。君子狐青裘豹褎，玄绡衣以裼之；麛裘青豻①褎，绞衣以裼之；羔裘豹饰，缁衣以裼之；狐裘，黄衣以裼之。锦衣狐裘，诸侯之服也。犬羊之裘不裼。不文饰也不裼。裘之裼也，见美也。吊则袭，不尽饰也。君在则裼，尽饰也。服之袭也，充[2]美也。是故尸袭，执玉、龟袭。无事则裼，弗敢充也。

笏，天子以球玉[3]，诸侯以象，大夫以鱼须文竹，士竹本，象可也。见于天子与射，无说笏。入大庙说笏，非古也。小功不说笏，当事免则说之。既搢必盥，虽有执于朝，弗有盥矣。凡有指画于君前，用笏；造受命于君前，则书于笏。笏，毕用也，因饰焉。笏度二尺有六寸，其中博三寸，其杀六分而去一。

韠：君朱，大夫素，士爵，韦。圜、杀、直：天子直，公侯前后方，大夫前方后挫角，士前后正。韠下广二尺，上广一尺，长三尺，其颈五寸，肩，革带，博二寸。

一命缊韨幽衡，再命赤韨幽衡，三命赤韨葱衡。天子素带，朱里，终辟。而素带，终辟。大夫素带，辟垂。士练带，率，下辟。居士锦带，弟子缟带。

并纽约用组，三寸，长齐于带。绅长制：士三尺，有司二尺有五寸。子游曰：『参分带下，绅居二焉。』

绅、韠、结三齐。

大夫大带四寸。杂带，君朱绿，大夫玄华。士缁辟二寸，再缭四寸。凡带有率，无箴功。肆束及带，勤者有事则收之，走则拥之。

王后袆衣，夫人揄狄，君命屈狄。再命袆衣，一命袒衣，士褖衣。唯世妇命于奠茧，其他则皆从男子。

凡侍于君，绅垂，足如履齐[4]，颐霤，垂拱。视下而听上，视带以及袷，听乡任左。

凡君召以三节，二节以走，一节以趋。在官不俟屦，在外[5]不俟车。

士于大夫，不敢拜迎，而拜送。士于尊者，先拜，进面，答之拜则走。

士于君所言，大夫没矣则称谥若字，名士。与大夫言，名士，字大夫。于大夫所，有公讳，无私讳。

凡祭不讳，庙中不讳，数学临文不讳。

【注释】

①豣：北方的一种野狗。

②充：掩盖。

③球玉：美玉。

④齐：衣裳下摆。

⑤外：在家。对『官』而言则为外。

【译文】

国君如果穿大裘去参加，则与古礼不符。国君穿狐白裘，一定要穿白绢而以朱锦为领缘的中衣，并露在外面。国君的卫士，右边的卫士穿虎裘，其左卫士穿狼裘。士不能穿狐白皮。大夫、士穿狐青裘，用豹皮缘饰袖口，外罩用青色生丝绢做的裼衣；如果穿鹿裘，袖口用青豣皮镶边，外罩苍黄色的裼衣；如果穿黑羔裘，袖口用豹皮镶边，外罩黑色的裼衣；如果穿狐裘，外罩黄色的裼衣。用锦衣做裼衣配狐裘，这是诸侯之服。

犬羊之裘是平民穿的，用不着裼衣。在不需要文饰的场合，也用不着裼衣。裼裘是为了显露内服之美。吊丧时要有悲痛的表情，所以要袭，不可显露文饰。在国君面前要有恭敬的表情，使裼衣露出领缘，显露文饰。袭服是为了掩盖内服之美。尸是象征鬼神的，要显示尊严，所以要袭；玉和龟甲是宝瑞，所以手执玉和龟甲时要穿袭。但在行礼完毕后要露出裼衣领缘，不敢掩盖内服之美。

笏：天子用的笏是用美玉做的，诸侯用的笏是用象牙做的，大夫用的笏的是用竹做的且用斑纹的鲛鱼皮装饰的，士的笏也是用竹做的而下端用象牙装饰。诸侯、大夫和士朝见天子，射箭比赛，都属于吉事，所以笏不离身。进入太庙脱笏，不合古制。小功之丧不离笏，举行殡殓而悲痛哀哭时就要脱笏。去朝见国君，将笏插大带之后，必须先洗手，以后即使上朝执笏，也无须再洗手了。凡在国君面前指画什么，就用笏；前往国君面前接受命令，记录在笏上。笏，记事都用它，因此要加以装饰。笏长二尺六寸，中间宽三寸，诸侯的笏上端要削减六分之一，大夫、士的笏上下两端都要削减六分之一。

蔽膝：国君的蔽膝是红色，大夫的蔽膝是白色，士的是赤黑色。都是用熟牛皮制成的。有圆、方、直裁的三种。天子的蔽膝，从下向上都是直的，没削减而成圆形；公侯的蔽膝，上下前后都是方的；大夫的蔽膝，下端是方角的，上端则削去两角而为圆形；士的蔽膝下端和上端都是直正的。蔽膝下端宽二尺，上端宽一尺，长三尺。蔽膝上端的颈宽五寸，两肩和革带各宽二寸。

蔽膝在祭服中叫作『韨』。士人是赤黄色的蔽膝，黑色玉珩；大夫是赤色的蔽膝，黑色玉珩；卿是赤色的蔽膝，青色玉珩。天子的大带是素带，大红衬里，并且整条大带都有绲边；诸侯的大带里外都是白色丝质，也是整个加滚边；大夫用的带也用白色丝带，纽及大带的下垂部分有绲边。士是白色熟绢的大带，没有衬里，只在下垂部分加绲边。有学问、技能却没有做官或不愿做官的士人，用锦带，在学的弟子用白色生绢制作大带。

所有大带都要用三寸宽的丝带结扎在一起，丝带下垂部分和大带的下垂平齐。大带下垂的部分叫作『绅』，绅的长度规定：士绅三尺，有司绅长二尺五寸。子游说：『大带以下分三份，绅占据其中两份。』绅、蔽膝、丝带结的下端是平齐的。

从天子到大夫的大带都是四寸宽。平时燕居所系之带，天子诸侯是红色边，绅镶绿色边，大夫的大带，镶玄色边，里衬镶黄色边；士的大带是用黑色帛绲边，里外都是黑色宽两寸，环绕后不能重叠，上下各镶一寸的边，也是宽四寸。所有的大带，用暗针缝边，不露出针脚。丝带打结后多余的部分和大带下垂的部分，如果要劳动、要干活的时候就收起来握在手里；如果要跑动，就抱在怀里。

王后穿袆衣，侯爵、伯爵夫人穿揄狄，子、男诸侯的妻子穿屈狄。子、男诸侯的卿，其妻子穿鞠衣，大夫的妻子穿襢衣，士的妻子穿褖衣。诸侯之妾只有在献茧时才受命穿襢衣。其他的妇人，自公侯夫人直至士妻就都按照自己丈夫的地位穿相应的命服。

凡侍奉在君前，身体要稍前倾，使绅下垂，衣裳下边也随着身体前倾，好像能和鞋相接。低着头，下巴垂得像屋檐似的，双手拱合下垂，恭敬地听国君的教导，但目光不能直视国君，只能停留在国君的交领和腰带之间。头微偏，侧过左耳来听。

国君派使者召臣下用三节。如果事情紧急，使者持两个节，臣下就要跑步去见国君；臣子接到一节也要疾走前去。凡国君召唤，臣子在官署时等不及穿鞋，在官署外面则等不及乘车。

大夫来见士人，因地位不相等，士不敢到门外拜迎，只在大夫走时拜送。士人去见卿大夫，对方在门内，士先在门外行拜，然后进门相见。如果对方在门内答拜，那么士要赶快避开，以示不敢承当。

士在国君的面前说话，对已去世的大夫，要称呼谥和字，对士就称呼名。和大夫讲话，对士称呼名而对大夫称呼字，在大夫那里，只避公讳，不避私违。凡是祭祀群神时的祝嘏之辞，有祖先名讳，无须避讳；宗庙祭祀时，讳上不讳下；教学典籍、读写文件和法律文书时，也无须避讳。

古之君子必佩玉，右徵、角，左宫、羽。趋以《采齐》，行以《肆夏》，周还中规，折还中矩。进则揖之，退则扬之，然后玉锵鸣也。故君子在车则闻鸾、和之声，行则鸣佩玉，是以非辟①之心无自入也。

君在不佩玉，左结佩，右设佩。居则设佩，朝则结佩。齐则綪结佩而爵韠。凡带必有佩玉，唯丧否。佩玉有冲牙，君子无故玉不去身，君子于玉比德焉。

天子佩白玉而玄组绶，公侯佩山玄玉而朱组绶，大夫佩水苍玉而纯组绶，世子佩瑜[2]玉而綦组绶，士佩瓀玟而缊组绶。孔子佩象环五寸而綦组绶。

童子之节也：缁布衣，锦缘，锦绅并纽，锦束发，皆朱锦也。童子不裘不帛，不屦绚。无缌服，听事不麻。无事则立主人之北，南面。见先生，从人而入。

侍食于先生、异爵者，后祭先饭。客祭，主人辞曰：『不足祭也』。宾飧，主人辞以『疏』。主人自置其酱，则客自彻之。一室之人，非宾客，一人彻。壹食之人，一人彻。凡燕食，妇人不彻。

食枣、桃、李，弗致于核。瓜祭上环，食中，弃所操。凡食果实者后君子，火孰者先君子。有庆，非君赐不贺。有忧者，勤者有事则收之，走则拥之。

孔子食于季氏，不辞，不食肉而飧。

君赐车马，乘以拜赐；衣服，服以拜赐。君未有命，弗敢即乘、服也。君赐，稽首，据掌，致诸地。酒肉之赐弗再拜。凡赐，君子与小人不同日。

凡献于君，大夫使宰，士亲，皆再拜稽首送之。膳于君，有荤、桃、茢[3]，于大夫去茢，于士去荤，皆造于膳宰。

大夫不亲拜，为君之答己也。大夫拜赐而退。士待诺而退，又拜，弗答拜。大夫亲赐士，士拜受，又拜于其室。衣服弗服以拜。敌者不在，拜于其室。凡于尊者有献，而弗敢以闻。士于大夫不承贺。下大夫于上大夫承贺。亲在，行礼于人称父。人或赐之，则称父拜之。礼不盛，服不充[4]，故大裘不裼，乘路车不式。

父命呼，唯而不诺。手执业则投之，食在口则吐之，走而不趋。亲老，出不易方，复不过时。亲瘠[5]，色容不盛，此孝子之疏节也。父没而不能读父之书，手泽存焉尔；母没而杯、圈不能饮焉，口泽之气存焉尔。

【注释】

①非辟：邪僻。

②瑜：美玉。

③荤、桃、茢：荤指姜一类有辛味的食品；茢是笤帚。辛味可除秽气，桃是鬼所畏惧的，笤帚用以扫除不祥。

④充：掩盖。

⑤癠：病。

【译文】

天子、诸侯必定佩玉，其佩玉右边发出徵角之音，左边发出宫羽之音，快速行走时与《采齐》的节拍相应，慢步行走时则其声与《肆夏》的节拍相应，向后转身，要像圆规画出圆弧形；向左右拐弯时，要像矩尺一样去成方角。前进揖让，后退俯仰，都能听到佩玉之鸣、铿锵作声。因此君子乘车则能听到鸾铃和鸣之声，行走则能听到佩玉叮当之音，这样，种种邪念就无法产生。

臣下在国君面前不佩玉，所谓不佩玉，是说把左边的佩玉用丝带结起来，不让它发出声音，右边还正常佩玉。大夫、士在家闲居时，腰的左右都佩玉；朝见面君时，就要绾起左佩。斋戒时一定要绝对肃静，因此要把左右佩玉都屈折向上掖到革带上，避免发出任何声响，要戴上赤而微黑的蔽膝。从天子到士，他们的革带上必定有佩玉，只有在办丧事时例外。佩玉上有个部件叫作冲牙。君子假如没有丧事或突病等原因，玉不离身，由于君子是以玉来象征德行的。

天子带白玉，用玄色丝带；公侯带山玄色玉，用朱色丝带；大夫带水苍色的玉，用黑色丝带；世子带美玉而用杂色丝带；士带像玉的美石而用赤黄色丝带。孔子佩带的五寸象牙环，用杂色丝带。

未冠男孩的礼仪是：穿黑布衣，用锦饰边，绅带及纽带全用朱锦，束发带也用锦，以上全是朱色锦。未成年孩子，不穿裘，不穿帛，鞋头无装扮。家里有丧事，童子依亲等应穿着缌麻丧服，可不穿，服务丧家不扎麻绖。通常当站立在主人北侧，面朝南。拜见老师时，要跟着成年人进入。

陪伴老师或爵位高于自己的人吃饭，尊者祭食后自己再祭，而尝饭则自己在先。客人祭食的时候，主人要谦虚推辞说：『饭菜不丰盛，不值得行祭。』客人吃饱以后赞美主人的饭菜，主人要说『粗茶淡饭罢了』。为表示敬客，主人自己动手摆设酱，吃过后，客人要自己动手将它撤除。同事而共居一室的人一块吃饭，不分宾主，饭后，由年纪轻的一个人撤除食具。大家偶尔一块共聚吃饭，吃完之后，也由其中年纪轻的人把食具撤除。凡是一般的早饭、晚饭，妇女就不需要自己动手撤食具。

吃枣子、桃子、李子，不要把核随便乱扔。吃瓜的时候要先祭，祭时要用连着瓜蒂的那半个，然后吃瓜瓤，至于手拿着的瓜皮部分就扔掉了。凡吃果实，要让君子先吃，因为果实是大地所生，好坏容易区分，用不着自己先尝；凡吃熟食，要先帮君子尝食，因为熟食是人所加工，味道怎样，必尝而后知。家中有了喜庆之事，但如果没有国君的赏赐，就不敢接纳亲友的道贺。

孔子在季氏那里吃饭，孔子进食前没有行推辞之礼，还没食肉就用汤浇饭而食，季氏安排馔食该是失礼了。

国君赐予臣下车马，臣下除了当时拜受外，第二天还要乘着所赐车马再去拜谢；国君赐予臣下衣服，臣下除了当时拜受外，第二天还要身穿所赐的衣服再去拜谢。对于国君所赐的车马和衣服，在行过再拜礼以后，如果国君没有再下能够乘、服的命令，臣下就不敢乘、服，只能储藏起来。对于国君的赏赐，臣下要行再拜稽首之礼。此礼的做法是，把左手按在右手之上，手着地，头也着地。对于国君的酒肉之赐，由于所赐的较轻，只要当时拜受就可以，不须要第二天登门再拜。凡国君赐物，不可在同一天里既赐君子又赐小人，要区别尊卑。

凡向国君呈献物品，大夫要派自己的总管送去，士要自己去送，送到国君门外，交与国君的小臣，然后行再拜稽首之礼。向国君呈献美食，要同时带上荤、桃、茢；如果是向大夫呈献美食，只带上荤、桃，去掉茢；如果是向士呈献美食，只附上桃木和笤帚，去掉姜等辛辣物；所有呈献的美食，都由主管膳食的官员负责接纳。大夫不亲自去向国君进献物品，是怕麻烦国君给自己答拜礼。

大夫前往拜谢君的赏赐，只到国君的宫门外向国君的小臣致谢，小臣入内向国君禀报，大夫不必等小臣出来回复就可以退下。士行礼拜谢国君的赏赐，要等待小臣出来转告君的话说『知道了』，再退下；（退去之前）还当行拜礼（以感谢君的回话），国君不须答拜。大夫亲自奖赏士，士行拜礼接纳，翌日又要到大夫的家里去拜谢。大夫赐予士衣服，士不用穿着去拜谢大夫。赐物给地位同等的人而受赐者不在家，翌日后就要到赐者家中去拜谢。凡是向地位高贵的人进献礼物，不敢向高贵者直说，只能说是致送给尊者的随从。士（有喜庆的事）不敢接纳大夫的祝贺，但下大夫对于上大夫则能够接受祝贺。父亲在世，给人送礼就要用自己父亲的名义。如果有人赐予礼物，就要用自己父亲的名义拜谢。这表示父亲是一家之长。如果典礼不是很隆重，则礼服的前襟不须遮掩，而祭天之礼非常隆重，因此天子穿大裘不显露裼衣，天子乘路车沿途也不凭轼致敬。

父亲呼唤儿子的时候，儿子要答应『唯』而不能答应『诺』，因为『唯』敬于『诺』。儿子听到父亲呼喊，手中拿有东西要赶紧放下，嘴里含有食物要马上吐出，要跑着前往而不能稍有磨蹭。双亲年老了，做儿子的出门不能随意改变去处，说什么时候回来就要及时回来，以免双亲挂念。如果双亲病了，或者神情不好，这就是做儿子的有疏忽之处了。父亲去世之后，做儿子的不忍翻阅父亲看过的书，那是由于上面有他『手泽』。母亲去世之后，做儿子的不忍心使用母亲用过的杯、圈，那是由于上面有她『口泽』。

君入门，介拂闑，大夫中枨与闑之间，士介拂枨。宾入不中门，不履阈。公事自闑西，私事自闑东。

君与尸行接武[①]，大夫继武，士中武。徐趋皆用是。疾趋则欲发，而手足毋移。圈豚行，不举足，齐如流。席上亦然。端行，颐霤如矢。弁行，剡剡起屦。执龟、玉，举前曳踵，蹜蹜如也。

凡行，容惕惕[②]，庙中齐齐，朝廷济济翔翔。君子之容舒迟，见所尊者齐遬。足容重，手容恭，目容端，口容止，声容静，头容直，气容肃，立容德，色容庄，坐如尸。燕居告温温。凡祭，容貌颜色，如见所祭者。丧容累累，色容颠颠，视容瞿瞿梅梅，言容茧茧。戎容暨暨，言容詻詻[③]，色容厉肃，视容清明。立容辨，卑毋谄，头颈必中。山立，时行，盛气颠实扬休，玉色。

凡自称：天子曰『予一人』，伯曰『天子之力臣』。诸侯之于天子，曰『某土之守臣某』；其在边邑，曰『某屏之臣某』；其于敌以下，曰『寡人』。小国之君曰『孤』，摈者亦曰『孤』。上大夫曰『下臣』，摈者曰『寡君之老』。下大夫自名，摈者曰『寡大夫』。世子自名，摈者曰『寡君之适』。公子曰『臣孽』。士曰『传遽之臣』，于大夫曰『外私』[④]。大夫私事使，私人摈则称名，公士摈则曰『寡大夫』、『寡君之老』。大夫有所往，必与公士为宾也。

【注释】

①武：足迹，脚印。

②惕惕：指直行快走的样子。

③谘谘：教令严厉貌。

④外私：士对别家大夫的自称。

【译文】

两国国君相见，来访的国君从门橛和西侧的门楔之间进入，大夫介也从门橛和西侧门楔之间进入，士介挨着门楔进入。

来访的如果是卿大夫，不能走西侧门橛和门楔的正中央，而应更挨近西侧门橛，通过时也不能踩踏门槛。如果是奉国君之命前去聘问，就从门橛的西边进入；如果是以私人名义拜见他国国君，就从门橛的东边进入。

在宗庙中，国君与尸在走路时步子小，速度慢，后脚的脚印要压住前脚脚印的一半；大夫走路时步子稍大，速度稍快，后脚脚印和前脚脚印相连；士走时步伐更大，速度更快，前后两脚之间相隔一足的距离。国君、大夫、士行礼时的步伐快慢都是这样。在疾趋的时候，脚跟抬起离地，步子大小就像平常，而速度加快，这时要注意手足不要摇晃。在循地转圈的时候脚不离地，衣裳下摆不离地像水流一样快而稳地前行。在入席或离席时，步伐也应这样。直线急趋时身体端正，头微前倾，两颊下垂如屋檐，走的路线要如箭一样直。在急切疾趋时，脚离地，身体竖立。手中持有龟、玉等宝器的时候，走路要徐趋，抬起足尖，脚跟在地面上拖过去，脚步紧密而小心翼翼。

君子平时在道路上走路时，身体姿势端正，步子要快；在宗庙中行走，神情要诚恳，在朝廷里行走，神态要庄重严肃。君子的神态举止文雅，见到长者则肃然起敬。（君子）举足稳重，抬手恭敬，目视端正，口不妄言，语调安静，头正不斜，神态严肃，站立庄重，神情安详，坐就如祭祀中的尸端坐在神位一样。君子燕居日处态度温和。君子参加祭祀，如同面对受祭者。君子居丧，神态彷徨，神色忧伤，言语声音微弱。君子于军旅之中，显得果断坚毅，言辞庄重，神态严肃，目光清醒明察。君子站立姿势要俯仰合适，辨其所宜：既要卑俯恭敬，又不能表现谄态。头要挺直，站立稳重，行走精神饱满，神态温润和悦。

凡自称，天子自称『予一人』，伯自称『天子的力臣』，诸侯对于天子自称『某地的守臣某』，诸侯封国在境内的就自称『某地藩卫之臣某』；诸侯对于同自己地位同等和地位在自己之下的人自称『寡人』。假如是小国的国君就自称『孤』，傧者在向天子汇报时也称他为『孤』。上大夫对于自己的国君自称『下臣』，如果去往他国晋见主国之君，在传话时叫他为『寡君之老』。下大夫在自己的国君面前自称己名，如果去往他国，在传话时叫他为『寡大夫』。太子在国君面前自称己名，如果去往他国，在报告时称之为『寡君之嫡子』。公子在国君面前自称『臣孽某』。士在国君面前自称为供驱使的『传遽之臣』，在他国大夫面前自称『外私』。大夫因自己的私事派人去往他国，使家臣报告则称大夫之名，如果奉国君之命出聘，则由公士汇报，称之为『寡大夫』或者『寡君之老』。大夫如果出聘，必定要以公士为介。

明堂位

昔者周公朝诸侯于明堂之位：天子负斧依，南乡而立。三公，中阶之前，北面，东上。诸侯之位，阼阶之东，西面，北上。诸伯之国，西阶之西，东面，北上。诸子之国，门东，北面，东上。诸男之国，门西，北面，东上。九夷之国，东门之外，西面，北上。八蛮之国，南门之外，北面，东上。六戎之国，西门之外，东面，南上。五狄之国，北门之外，南面，东上。九采之国，应门之外，北面，东上。四塞，世①告至。此周公明堂之位也。明堂也者，明诸侯之尊卑也。

昔殷纣乱天下，脯鬼侯以飨诸侯，是以周公相武王以伐纣。武王崩，成王幼弱，周公践天子之位，以治天下。六年，朝诸侯于明堂，制礼作乐，颁度量，而天下大服。七年，致政②于成王。成王以周公为有勋劳于天下，是以封周公于曲阜，地方七百里，革车千乘，命鲁公世世祀周公以天子之礼乐。

是以鲁君孟春乘大路，载弧韣，旂十有二旒，日月之章③，祀帝于郊，配以后稷，天子之礼也。季夏六月，以禘礼祀周公于大庙，牲用白牡，尊用牺、象、山罍，郁尊用黄目，灌用玉瓒大圭，荐用玉豆、雕篹，爵用玉琖仍雕，加以璧散、璧角④，俎用梡、嶡。

升歌《清庙》，下管《象》；朱干玉戚，冕而舞《大武》；皮弁素积，裼而舞《大夏》。《昧》，东夷之乐也；《任》，南蛮之乐也。纳夷蛮之乐于太庙，言广鲁于天下也。

君卷冕立于阼，夫人副袆立于房中⑤。君肉袒迎牲于门，夫人荐豆、笾。卿大夫赞君，命妇赞夫人，各扬其职，百官废职，服大刑，而天下大服。是故夏礿、秋尝、冬烝，春社、秋省而遂大蜡，天子之祭也。

【注释】

①世：新君继位。

②致政：归政。

③日月之章：天子的旌旗画日月图案。

④加：指加爵。向尸行九献之后，诸臣献尸，称加爵。散：酒器名。

⑤副：首饰。袆：王后的礼服。

【译文】

以前周公在明堂行觐见天子之礼，规定了夫子、诸侯及四方各国君长所站立的位置：周公代表天子背靠绘制斧形的屏风朝南而立；三公及诸侯之长站在南面中阶前面，面向北，以东为上；侯爵诸侯站在阼阶东面，面向西，以北为上。伯爵站在西阶西面，面向东，以北为上。子爵诸侯站在应门内的东侧，面向北，以东为上；男爵站在大门西侧，面向北，以东为上。东方的夷族之国站在东门之外，面向西，以北为上；南方的蛮族之国，站在南门之外，面向北，以东为上。西方的戎族之国，站在西门之外，面向东，以南为上；北方狄族之国，站在北门之外，面向南，以东为上。九州之牧采服各之国站在应门之外，面向北，以东为上。四方边远之国，其君一生只朝见一次。这就是周公当年确定的明堂位次。明堂，就是表明诸侯尊卑等级。

从前，殷纣王残暴无道，搅得天下不宁，竟然把鬼国国君杀死之后制成肉干，用来宴请其他诸侯。因此周公辅佐武王以伐纣。武王驾崩，嗣君成王年龄还小，于是由周公摄政，代行天子职务，以统治天下。摄政的第六年，天下诸侯都来明堂拜见，制定了各种礼仪和乐章，公布了统一天下度量衡的法律，天下无不心悦诚服。当政的第七年，就把政权归还给成王。成王认为周公为天下建立了功勋，因此封周公于鲁，建都曲阜，拥有国土方圆七百里，兵车千辆，还要求鲁国国君世世代代用天子的礼仪和乐章祭祀周公。

因此之故，鲁国国君就能够在孟春之月乘大路，大路载有张开旌旗的竹弓，旗上缀有十二条飘带，飘带还有日和月的图案，到郊外祭祀上帝，并且敢以周的祖先后稷来配享。这可原本都是天子之礼啊。季夏六月，鲁国国君以禘礼祭周公于太庙，牺牲使用白色的公牛，盛酒的樽，有牛形的牺樽、象樽和山罍，盛郁鬯香酒的樽用黄金镂刻为眼睛形状的酒樽，将郁鬯浇地祈神时用的勺子是以大圭为柄的玉瓒，献食品时用的是用玉装饰的豆笾，献酒时用的是雕琢花纹的玉盏。

诸臣在额外献酒时用的是璧散和璧角，放置牲体的俎用的是有内足和加横木的几案；堂上有乐工歌唱《清庙》之诗，堂下管乐队演奏《象》曲，舞队手拿红色的盾牌和玉斧，头戴冕来跳《大武》之舞；还有的头戴皮弁，身穿白布裙，敞开正服前襟而跳《大夏》之舞。同时还有四方少数民族的歌舞：来自东夷的称为《昧》，来自南蛮的称为《任》。鲁国也将东夷和南蛮的乐舞三内入太庙祭祀中，这是天子要让鲁国将周公之德推广于天下啊。

鲁国国君在祭奠周公时，国君身穿衮冕之服立于阼阶，夫人头戴首饰身着袆衣立于房中。国君露出左臂到庙门口去迎接祭奠用的牺牲，亲自杀牲祭祖，夫人进献豆笾。在祭奠过程中，卿大夫为国君的助手，内外命妇为夫人的助手，各自履行各自的职责。百官中如有荒废自己职守者要严厉处分。这样使得天下的人都能顺服。因此，鲁国夏天的礿祭，秋天的尝祭，冬天的烝祭，春天祈祷土神的社祭，秋天举行的田猎到年末索祭百神的蜡祭，这些实际上都是周天子才有的祭祀。

大①庙，天子明堂。库门，天子皋门；雉门，天子应门。振木铎于朝，天子之政也。山节，藻棁，复庙，重檐，刮楹，达乡，反坫，出尊，崇坫，康②圭，疏屏，天子之庙饰也。

鸾车，有虞氏之路也；钩车，夏后氏之路也；大路，殷路也；乘路，周路也。有虞氏之旂，夏后氏之绥，殷之大白，周之大赤。夏后氏骆马黑鬣，殷人白马黑首，周人黄马蕃鬣。夏后氏牲尚黑，殷白牡，周骍刚。泰，有虞氏之尊也；山罍，夏后氏之尊也；着，殷尊也；牺、象，周尊也。爵，夏后氏以琖，殷以斝，周以爵。灌尊，夏后氏以鸡夷，殷以斝，周以黄目。其勺，夏后氏以龙勺，殷以疏勺，周以蒲勺。土鼓、蒉桴、苇籥，伊耆氏之乐也。拊搏、玉磬、揩击、大琴、大瑟，中琴、小瑟，四代之乐器也。

鲁公之庙，文世室也；武公之庙，武世室也。米廪③，有虞氏之庠也；序，夏后氏之序也；瞽宗，殷学也；頖宫，周学也。

崇鼎、贯鼎、大璜、封父龟，天子之器也；越棘、大弓，天子之戎器也。夏后氏之鼓足，殷楹鼓，周县鼓。垂之和钟，叔之离磬，女娲之笙簧。夏后氏之龙簨虡，殷之崇牙，周之璧翣。

有虞氏之两敦，夏后氏之四琏，殷之六瑚，周之八簋。俎，有虞氏以梡，夏后氏以嶡，殷以椇，周以房俎。夏后氏以楬豆，殷玉豆，周献豆。有虞氏服韨④，夏后氏山，殷火，周龙章。有虞氏祭首，夏后氏祭心，殷祭肝，周祭肺。夏后氏尚明水，殷尚醴，周尚酒。有虞氏官五十，夏后氏官百，殷二百，周三百。有虞氏之绥，夏后氏之绸练，殷之崇牙，周之璧翣。

凡四代之服、器、官，鲁兼用之。是故鲁，王礼也，天下传之久矣。君臣未尝相弑也，礼乐、刑法、政俗未尝相变也，天下以为有道之国。是故天下资礼乐焉。

【注释】

①大庙：郑注『言庙及门如天子之制也。』大，同『太』。

②康：当读为『亢』，举的意思。

③米廪：学校。

④韨：祭服上的蔽膝。

【译文】

鲁国太庙的形制与天子明堂相当。库门，相当于天子的正门皋门；雉门，相当于天子应门。鲁君宣布政令前在朝中摇动木铎，发号施令，与天子发布政令相同。鲁国的太庙，在斗拱上雕刻山形图案，在梁上短柱雕刻水草图案，两层的屋顶，双层的房檐，刮磨光滑的楹柱，四面通达的窗户，献酒还爵有土台，在酒樽南面，还有高的坫，用于置放诸侯所献玉圭，刻有云气、虫兽的屏风，这些都是天子太庙才有的饰物。

鸾车，这是有虞氏祭天所坐之车；钩车，这是夏代天子祭天所坐之车；大路，这是殷代天子祭天所坐的车；玉路，这是周代天子祭天所坐的车。有虞氏鸾车上插有大旂，夏后氏车上插旄牛尾的旗，殷代又增加了白色的旗，周代又增加了赤色的旗。夏后氏驾车是用白身黑鬣的马，殷代是用黑头的白马，周代用的是黄马而白鬣。夏后氏祭礼用黑色牺牲，殷代用白色公牛，周代用赤色公牛。

泰是有虞氏用的无绘饰的陶制盛酒器；山罍，是夏后氏用的画有山云图形的盛酒器；着，是殷代用的器腹着地而无足的盛酒器；牛形的牺樽、象形的象樽，是周代用的盛酒器。历代饮酒用的酒杯，夏后氏用的玉饰的琖，殷代用的是圆口三足的斝，周代用的是容量较小的爵。历代行灌地降神用的酒樽，夏代用鸡形的鸡彝，殷代用画月禾稼的酒樽，周代用黄金镂刻为眼睛形状的酒樽。酌酒时所用的勺，夏代用刻为龙头形的勺，殷代用通体刻有云气图形的勺，周代用刻成凫头形的勺。筑土为鼓，抟土为鼓槌，截一节苇管为短笛，这是上古伊耆氏时代的乐器。拊搏、玉磬、柷敔、大琴、大瑟、中琴、小瑟，这是虞、夏、商、周四代所用的乐器。

鲁公伯禽的庙，等于天子的文王庙，百世不毁；武公敖的庙，等于天子的武王庙，也是百世不毁。米廪，是有虞氏的学校；序，是夏代的学校；瞽宗，是段代的学校；頖宫是周代的学校。这四代的学校，周天子全有，鲁国也全有。

崇国的鼎、贯国的鼎、（夏后氏的）大璜、封父国的龟，这些全是天子的重器。越国的戟和大弓，是天子的兵器。夏后氏的有足的鼓，殷人用有贯柱穿中央的楹鼓，周人的悬鼓。垂发明了按声音次序排列悬挂的编钟，叔发明了按声音次序排列悬挂的编磬，女娲发明了笙簧。悬挂钟磬的架子，夏代在横梁上绘有龙图案，殷代在有龙图案的横梁的大板上刻出牙形，周代又在横梁的两端插上画有图案的缯制成的扇，扇上载有小玉璧，并垂五彩羽毛于其下。盛放黍稷，有虞氏用两敦，夏代用四琏，殷代用六瑚，周代用八簋。盛放牲体，有虞氏用有四足的几案，夏代用有四足并加横木的几案，殷代用四足弯曲的几案，周代用左、右各两足，两足之下各有一跗作为底撑的几案。夏后氏用木制的上面没有任何装饰的楬豆，殷代用玉装饰而不绘制图案的玉豆，周代则用玉装饰又绘刻图案的献豆。历代祭祀的祭服，有虞氏用无纹饰的蔽膝，夏代用画有山形图案的蔽膝，殷代用画有火形图案的蔽膝，周代用画有龙形图案的蔽膝。食前之祭，有虞氏崇尚用牺牲的头来祭祀，夏代崇尚用牺牲的心来祭祀，殷代崇尚用牺牲的肝来祭祀，周代崇尚用牺牲的肺来祭祀。祭祀时的酒饮，夏代崇尚用明水，殷代崇尚用醴酒，周代崇尚用酒。参与祭祀的官员，有虞氏为五十人，夏代为一百人，殷代为二百人，周代为三百人。历代的丧葬用旗，有虞氏将旄牛尾系在旗杆顶端做装饰，夏代用白丝绸缠绕旗杆，以素练做飘带加以装饰，殷代将旗帜的边缘做成齿牙之形作为装饰，周代旗上有带图案的缯制成的扇，扇上载有小玉璧，并垂五彩羽毛于其下作为装饰。

总而来说，凡虞、夏、商、周四代所用的礼服、礼器、参加祭祀的官员，鲁国都兼而有之。所以，鲁国使用的礼乐，是天子规格的礼乐，天下的人对此能够说是早就知道了。鲁国没有发生过君臣彼此残杀的丑恶现象，礼乐、刑法、政俗也一直保持着周天子的正宗，不敢随意改变，因此普天之下的诸侯都认为鲁国是遵守正道的国家，他们要想学习正宗的礼乐，就要到鲁国来学习。

大传

礼，不王不禘。王者禘其祖之所自出，以其祖配之。诸侯及其大祖。大夫、士有大事，省于其君，干祫及其高祖。

牧之野，武王之大事也。既事而退，柴[1]于上帝，祈于社，设奠于牧室。遂率天下诸侯执豆、笾，逡奔走，追王大王亶父、王季历、文王昌，不以卑临[2]尊也。

上治祖、祢，尊尊也。下治子孙，亲亲也。旁治昆弟，合族以食，序以昭缪，别之以礼义，人道竭矣。

圣人南面而听天下，所且先者五，民不与焉：一曰治亲，二曰报功，三曰举贤，四曰使能，五曰存爱。五者一得于天下，民无不足，无不赡者；五者一物纰缪，民莫得其死。圣人南面而治天下，必自人道始矣。

立权、度、量，考文章，改正、朔，易服色，殊徽号，异器械，别衣服，此其所得与民变革者也。其不可得变革者则有矣。亲亲也，尊尊也，长长也，男女有别，此其不可得与民变革者也。

同姓从宗，合族属。异姓主名，治际会，名著而男女有别。其夫属乎父道者，妻皆母道也；其夫属乎子道者，妻皆妇道也。谓弟之妻『妇』者，是嫂亦可谓之『母』乎？名者，人治之大者也，可无慎乎！四世而缌，服之穷也。五世袒免，杀同姓也。六世，亲属竭矣。其庶姓别于上而戚单于下，昏姻可以通乎？系之以姓而弗别，缀之以食而弗殊，虽百世而昏姻不通者，周道然也。

服术有六：一曰亲亲，二曰尊尊，三曰名，四曰出入，五曰长幼，六曰从服[3]。从服有六：有属从，有徒从，有从有服而无服，有从无服而有服，有从重而轻，有从轻而重。自仁率亲，等而上之至于祖，名曰轻；自义率祖，顺而下之至于祢，名曰重。一轻一重，其义然也。君有合族之道，族人不得以其戚戚君，位也。

庶子不祭，明其宗也。庶子不得为长子三年，不继祖也。别子为祖，继别为宗，继祢者为小宗。有百世不迁之宗，有五世则迁之宗。百世不迁者，别子之后也。宗其继别子之所自出者，百世不迁者也。宗其继高祖者，五世则迁者也。尊祖故敬宗，敬宗，尊祖之义也。有小宗而无大宗者，有大宗而无小宗者，有无宗亦莫之宗者，公子是也。公子有宗道。公子之公④，为其士大夫之庶者宗其士大夫之适者，公子之宗道也。绝族无移服，亲者属也。

自仁率亲，等而上之至于祖，自义率祖，顺而下之至于祢，是故人道亲亲也。亲亲故尊祖，尊祖故敬宗，敬宗故收族⑤，收族故宗庙严，宗庙严故重社稷，重社稷故爱百姓，爱百姓故刑罚中，刑罚中故庶民安，庶民安故财用足，财用足故百志成，百志成故礼俗刑，礼俗刑然后乐。《诗》云：『不显不承，无斁于人斯。』此之谓也。

【注释】

①柴：祭告天地及先祖。

②临：位居其上俯临其下。

③从服：本人与死者本无亲属关系，用不着服丧，只是由于自己的亲属与死者有亲属关系，自己才跟着服丧。

④公子之公：指国君。

⑤收族：聚族，团结族人。

【译文】

按照礼仪，不是天子不能举行祭天的禘祭。天子举行禘祭是祭祀孕育其始祖的天神，同时以其始祖神主配享。而诸侯只能祭其始封之祖。大夫、士如立下大功而为其国君所喜爱，也能用诸侯祫祭之礼，向上推及高祖。

（周武王）在牧野完成伐纣之大事。此大事结束后，即燔柴祭告上天，祭社祈祷社主，又在牧地筑室祭奠迁主，带领天下诸侯各执祭器、祭品，庄重恭敬地奔走祭告，追认曾祖古公亶父尊为太王、祖父季历尊为王、父姬昌尊为文王。这样，就避免了祭祀时先祖的封号低，自己的天子封号高。

向上整治好祭祀祖和父的次序，体现尊敬尊者的原则。向下整治好子孙们的远近亲疏关系，体现亲爱血缘亲属的原则。从旁处理好同族兄弟的关系，会合族人举行食礼，排列好族人的次序。依照礼来区别各种关系，人伦的道理全在这里了。

圣人朝南面治理天下，首先要做的有五件事，民众不得参与：第一件是治理亲属间的亲疏关系，第二件是回报有功之臣，第三件是举荐贤人，第四件是重用有才能的人，第五件是体恤有仁慈之心的人。这五件事如果全部做到了，那么，百姓就不会有不满足的，没有不富裕的。这五件事如果有一件做得不好，老百姓就要吃苦头了。圣人面朝南治理天下，必须从这五个为人之道开始。

建立统一的度量衡单位，考订国家的礼法制度，改订历法，变换车马、服装颜色，设不同旌旗，改换礼乐器具和兵甲，穿不同前朝衣服，这都是与民众一起变革的。不能够变革的也有，就是亲爱亲属、尊敬尊者、长幼有序、男女有别，这些都是不能变的。

因此，同姓之人都要跟从宗子，合成氏族。异姓的妇女则按照丈夫的辈分而定称谓，在族内的活动中确定各自的地位及仪规，这样，才使名分确定而男女有别。如丈夫归属父辈，则其妻子归属母辈；如丈夫归属子辈，则妻子归属媳妇辈。称弟的妻为『媳妇』，那难道兄之妻『嫂』，能够称为『母』吗？因此名分称谓是人伦中很重要的，能够不谨慎吗？与死者上同四代之祖，为死者服缌麻之丧，丧服关系到此已尽了。

相隔五代的人之丧，只要脱衣露出左臂及戴绕以致哀，所以所行之礼比同族的人轻。相隔六代的人，虽同姓，可说与族关系已经没有了。这些同姓的分支人，庶姓各自立祖，祖别以上，就是从高祖以上，至玄孙以下，已无丧服。这些同姓的人可以通婚吗？这些人用老祖的姓联系起来没有分别，在同宗聚会时也排在同一个辈分上，所以凡同姓者，即是相隔百代，也不能通婚，周代的制度就是这样的。

制定丧服的凭据有六条，第一条是根据血缘关系的亲疏，第二条是根据社会地位的尊卑，第三条是依照异姓女子嫁来之后所取得的名分，第四条是依据本族女子的出嫁与否，第五条是依据死者是成年人与否，第六条是从服。从服又有六种情况：一是属从，与死者有间接亲属关系，跟从有直接关系的亲属为死者服丧；二是徒从，与死者没有亲属关系，跟从与死者有关系的亲属服丧；三是跟从有丧服的亲属但自己无服；四是被从者无服而跟从者云有服；五是本应跟着服重服而变为服轻服；六是本应跟着服轻服而变为服重服。从恩情这个角度上说，顺着父亲逐代上推以至于远祖，那是愈远愈轻；从道义上说，顺着远祖逐代下推以至于父庙，那是愈远愈重。这样，远祖在恩情上尽管轻，在道义上却重；父亲在恩情上尽管重，在道义上却轻。这样的有轻有重，从人情道理上说也就应该如此。国君身兼宗子，有义务聚合族人宴饮，和睦族谊，但族人却不能因与国君有血缘关系而以家人之礼对待他，这是由国君所处的地位所决定的。

庶子不能祭祖，此表示宗法之重。庶子也不能为嫡长子服丧三年，正是由于其不是先祖的继承人。以别子为祖者，继承别子的嫡长子就是大宗，继承别子之庶子的嫡长子就是小宗。这种宗脉，有一直继承下去百代不变易的，就是别子的长子继承的一支；也有五世而变易的，即是继高祖的小宗。百世而不迁，就是别子之后裔，由于他们继别子之所自出，因此百世而不迁。而其继高祖者，则五世而变易。（大宗为远祖之正体，小宗为高祖之正体）因此，敬祖就要尊宗子，尊宗子也即是敬祖先。诸侯公子之间的宗法制度有三种情况，一是只有小宗没有大宗，二是只有大宗没有小宗，三是已无所宗，也无人以己为宗，以上就是公子的宗法制度。公子有这样的宗法，国君让作为士大夫的嫡弟作为其余为士大夫的庶兄弟的宗子，这就是诸侯公子的宗法。亲属关系已经断绝的，就不用为其服丧了，唯有保有亲属关系的，仍须为其服丧。

从恩情上说，从父亲开始逐代上推以至于远祖，那是愈远愈轻；从道义上说，顺着远祖逐代下推以至于父庙，那是愈远愈重。从此看来，爱其父母是人的本性。爱其父母就一定会尊敬祖先，尊敬祖先就一定会尊敬宗子，尊敬宗子就一定会团结族人，团结族人就一定会使宗庙得到崇敬，宗庙得到崇敬就一定会重视社稷，重视社稷就一定会爱护百官，爱护百官就一定会刑罚公正，刑罚公正就一定会百姓安宁，百姓安宁就一定会财用充足，财用充足就一定会万事如意，万事如意就一定会礼俗美好，礼俗美好就一定会普天同乐。《诗经》上说：『文王的功德，伟大而令人感叹，人们永远想念他。』说的就是这个意思。

少仪

闻始见君子者，辞曰：『某固愿闻名于将命者』，不得阶主①。敌者，曰：『某固愿见。』罕见曰：『闻名。』亟见曰：『朝夕。』瞽曰：『闻名。』

适有丧者曰：『比。』童子曰：『听事。』适公卿之丧，则曰：『听役于司徒。』

君将适他，臣如致金玉货贝于君，则曰：『致马资于有司。』敌者曰：『赠从者。』

臣致襚于君，则曰：『致废衣于贾人。』敌者曰：『襚。』亲者兄弟不以襚进。

臣为君丧，纳货贝于君，则曰：『纳甸于有司。』赗马入庙门。赙马与其币、大白兵车，不入庙门。

赙者既致命，坐委之，摈者举之，主人无亲受也。

受立，授立，不坐，性之直者，则有之矣。

始入而辞，曰：『辞矣。』即席，曰：『可矣。』排阖说屦于户内者，一人而已矣。有尊长在，则否。

问品味，曰：『子亟食于某乎？』问道艺，曰：『子习于某乎？』『子善于某乎？』

不疑在躬，不度民械，不愿于大家，不訾重器。

氾扫曰『扫』，扫席前曰『拚』。拚席不以鬣，执箕膺擖。

不贰问。问卜、筮，曰：『义与，志与？』义则可问，志则否。

尊长于己逾等，不敢问其年。燕见不将命。遇于道，见则面，不请所之。丧俟事，不犆吊。侍坐弗使，不执琴瑟，不画地，手无容，不翣也。寝，则坐而将命。侍射则约矢，侍投则拥矢。胜则洗而以请，客亦如之。不角[2]，不擢马。

执君之乘车则坐。仆者右带剑，负良绥，申之面，拖诸幦。以散绥升，执辔然后步。

请见不请退。朝廷曰『退』，燕游曰『归』，师役曰『罢』。

侍坐于君子，君子欠伸，运笏，泽剑首，还屦，问日之蚤莫，虽请退可也。

事君者量而后入，不入而后量。凡乞假于人、为人从事者亦然。然，故上无怨而下远罪也。

不窥密，不旁狎，不道旧故，不戏色。

为人臣下者，有谏而无讪，有亡而无疾，颂而无谄，谏而无骄，怠则张而相之，废则扫而更之，谓之社稷之役。

毋拔来，毋报[3]往，毋渎神，毋循枉，毋测未至。

士依于德，游于艺。工依于法，游于说。

毋訾衣服成器，毋身质言语。

言语之美，穆穆皇皇。朝廷之美，济济翔翔。祭祀之美，齐齐皇皇。车马之美，匪匪翼翼。鸾和之美，肃肃雍雍。

问国君之子长幼，长，则曰：『能从社稷之事矣』；幼，则曰『能御』『未能御』。问大夫之子长幼，长，则曰：『能从乐人之事矣』；幼，则曰『能正于乐人』『未能正于乐人』。问士之子长幼，长，则曰『能耕矣』；幼，则曰『能负薪』、『未能负薪』。

执玉、执龟筴不趋，堂上不趋，城上不趋。武车不式，介者不拜。

妇人吉事，虽有君赐，肃拜；为尸坐，则不手拜，肃拜；为丧主，则不手拜。葛绖而麻带。

取俎、进俎，不坐。执虚如执盈，入虚如有人。

凡祭，于室中、堂上无跣，燕则有之。未尝不食新。

仆于君子，君子升、下则授绥，始乘则式，君子下行，然后还立。

乘贰车则式，佐车则否。贰车者，诸侯七乘，上大夫五乘，下大夫三乘。有贰车者之乘马，服车，不齿；观君子之衣服、服剑、乘马，弗贾。

以其乘壶酒、束脩，一犬赐人，若献人，则陈酒、执脩以将命，亦曰『乘壶酒、束脩、一犬』。其以鼎肉，则执以将命。其禽加于一双，则执一双以将命，委其余。犬则执緤④，守犬、田犬则授摈者，既受乃问犬名。牛则执纼，马则执靮。皆右之，臣则左之。车则说绥，执以将命。甲，若有以前之，则执以将命；无以前之，则袒櫜奉胄。器则执盖。引则以左手屈韣执拊。剑则启椟，盖袭之，加夫襓与剑焉。笏、书、脩、苞苴、弓、茵、席、枕、几、颎⑤、杖、琴、瑟，戈有刃者椟、筴、籥，其执之皆尚左手。刀，却刃授颖，削授拊。凡有刺刃者，以授人则辟刃。

乘兵车，出先刃，入后刃。军尚左，卒尚右。

【注释】

①不得阶主：即客人当谦退，而不得直接进告主人。阶，进。

②不角：角是罚爵，对尊者不能用，而要用爵。

③报（fù）：同『赴』，急促。

④绁（xiè）：同『绁』，牵牲畜的绳子。

⑤颎（jiǒng）：警枕。

【译文】

听闻凡第一次求见有地位或有德行的，应说『我希望将名字通报给您的传达人』。不能直接说要见你。如与身份差不多的人相见，就说『我很希望拜见您』。对很少见面的人，求见时就说『愿将名字通报给您的传话人』。如对常常见面的人，求见时则说『我常早早晚晚麻烦您的传话人』。如果主人是盲者，求见时则说：『愿将名字向你的传话人报。』

到有丧事的人家去，应说：『我愿像您的下属那样供驱使。』如果是儿童，就说：『听候役使。』如果公卿有丧事，应该说：『我愿听从司徒的差遣。』

国君将到他国去，臣如果赠送金玉钱财，就说：『赠送路费给随行官员。』如果是地位相等的人，则说：『赠送给随从人员。』

臣下给国君馈赠随葬衣物，就说『给管家几件废衣』。给身份差不多的人送随葬衣物则直说『赠送殓衣』。

如果是兄弟只赠送殓衣，就不用傧者通报，直接送进云就可以。

臣为国君的丧事奉纳钱财，就说：『把田野出产的东西送给主管官吏。』赠给丧家的马要牵入庙门，不送葬的马和钱，插白旗的兵车，不进庙门。赠送的人致辞后，便跪下把所赠之物放在地上，由主人的傧者拿走。丧主不亲自接受赠物。

接受和授予礼物时，双方都站立着，不用跪坐着接受与授予。如果送东西的人高大，就要跪坐着接受或授予礼物，客人刚进门，傧者要提醒主人说『请您让宾客先进门』。客人到席前，傧者对客人说『请坐，不用客气』。开门进到室内，而脱鞋在室内的，只有最尊一人而已。如室内已有尊者在，则后进者都得在门外脱掉鞋子。

询问别人的口味嗜好，说『您经常吃某种食物吗？』询问别人六艺的情况，说『您经常修习某种技艺吗？您擅长某种技艺吗？』

不要使别人猜疑自己，不要猜度别人的器具，不要羡慕富贵人家，不要揣度宗庙的宝器价值。

普遍打扫叫『扫』，扫坐席的前面叫『拚』，扫坐席前面不用扫帚。拿着畚箕去倒垃圾时，箕舌要对着自己。

卜筮不要一心二用。问卜筮时要自问『是为公事，还是私事。』公事就可问卜占筮，私事就不可以。

尊长比自己辈分高，不能询问他的年龄。闲暇时私下拜见尊长，不使用传辞之人。在路上遇见尊长，尊长如果看到自己时就要上前相见，不要问他到哪里去。尊长家里有丧事，要等主人朝夕哭时才吊问。侍奉尊长坐时，不命令自己就不弹奏琴瑟，不在地上乱画，不摆弄手，也不摇扇子。尊长躺卧，自己要跪坐而等候为他传话。侍奉尊长射箭时，要等他取完箭，然后自己一次取完四箭。侍奉尊长比赛投壶时，自己要抱着箭，不能放在地上。尊长如果取胜，自己要清洗酒杯，斟酒请尊长喝。对待客人也这样。请尊长喝酒不要用罚酒用的角杯。投壶比赛时，即使二马比一马领先尊长，也不能按一般的规则拿走尊长的一马告胜。

为国君驾车，驾车人可以先坐着。把剑挂在右边，将良绥搭在左肩，绕过后背，从后背伸出面前，将绥尾放在车前横木的覆盖物上，准备国君拉着绥登车。驾车人登车用散绥，登车后，执鞭分辔，调好马步，停下，让国君登车。

对尊长可以请求见面，但谈话后不能请求退下，得尊长示意，然后告退。在朝廷叫『退』，饮宴游玩叫『归』，从战争、劳役中回家叫『罢』。

陪侍君子谈话的时候，假如见到君子打哈欠，伸懒腰，转弄笏板，抚摩剑柄，调转鞋子，或者问天色早晚，这时就应当自己请求告词。

服侍国君的人，有什么建议，要自己先权衡一下是否能行，不要先进朝奏请，然后才考虑是否能行。凡是向别人请求借贷，或者帮别人办事，也都应该这样。这样侍奉君主，国君对自己就无所憎恨，自己也能够远离罪责。

不要探视别人的隐秘，不要随便与人套近乎，不讲别人不太光彩的事，不要对别人有嬉笑怠慢的神态。

做臣子的对国君只能当面劝告，而不能背后毁谤；如果劝而不听，那么就应该辞职离开，但不应当心生怨恨。国君有德应当称赞，但必须符合实情，不能变成谄媚。国君如果接受了自己的劝告，不能高傲无礼。国君懈怠时，要鼓励他，协助他。如果国政已经败丧，臣下应除去弊政而更立新政。只有这样，才能称得上是有助于国家社稷的行为。

凡做一件事，不要急忙动手，也不要随便放弃。对神不能亵渎，也不要再犯之前的错误。对于未来的事不要乱加猜测。

作为士人要遵从道德，遨游于六艺。作为工匠，要依照规矩尺度，努力学习有关技术原理。

不要诋毁别人的衣服、器具。对于可疑的传闻，不要乱加推测。

言辞之美，在庄重而博大。朝廷之美，在举止整齐而气势轩昂。祭祀之美，在虔诚而谨慎。车马之美，在缓和而严正。鸾之美，在庄重而和谐。

问国君之子的年龄大小，如果已长大就应说：『能做社稷的事情了。』如果未行冠礼，若已是成童，就回答说：『已经能够驾车了』，若未成童，就说：『还不能驾车。』问大夫的之子大小，如果已经长大，大夫就回答说：『他已经学会音乐。』如果年龄还小，就说：『已经能够接受大司乐的教育了。』或者说：『还不能听从乐人指示。』问士之子年龄大小，如果已长大，就说：『已经能够耕种了。』如果还小，就说：『已经能够背柴禾，或还不能背柴禾。』

拿着玉器、拿着龟甲和蓍草不快步走，在堂上不快步去，在城墙上不快步走。乘兵车不轼礼。身穿铠甲的人不行拜礼。

妇人有吉事，虽有国君的赏赐，都行肃拜礼。妇人充当尸而坐着，也不行手拜礼，仍行肃拜礼。妇人做丧主，也不行拜礼。

妇人在卒哭祭后，变麻首绖为葛绖，而腰部仍系麻绖带。

祭祀时，从俎上取肉或者把肉放上俎上，都不坐下，手中拿着空器皿时，要像拿盛满东西的器皿一样小心翼翼，进空房间，也要像进有人的房间一样恭恭敬敬。

凡是在室中或堂上行祭礼，不脱鞋。行燕礼就可以脱鞋。

未曾进献新物祭祀宗庙，就不吃新物收获的粮食。

为君子驾车，君子上车、下车要把绥递上。君子上车驾车人要行轼礼。君子下车步行，驾车人要调转车头站着等待。

跟从官员乘坐贰车，有时要凭轼致敬，乘坐佐车就不必了。贰车，数目因人而异，诸侯七辆，上大夫五辆，下大夫三辆。

对于贰车，不要谈论马的老幼和车的新旧。观察有爵位的衣服、佩剑、乘马及车子时，不要估价。

假如用四大壶酒、十条干肉、一只狗赠送给卑者，或者以这些东西呈献尊者，都是把酒壶和狗陈列在地上，手拿干肉进去向接待宾客的人说明自己奉命而来赠送礼物，说：『送来四壶酒、一捆干肉、一只狗。』如果赠送已经切割，可置于鼎的肉，那就手持着肉进入传达辞命。如果赠送的是禽鸟，且数目在一双以上，就手持一双进来表示来意，其余的都放在门外。送来的狗，就要手牵着系狗的绳子。假如所送的是看家狗、猎狗，在给主人拜受之后，就交给傧者。傧者接过来之后就询问狗的名字。如果赠送牛、马，也都要牵着缰绳，且只能用右手。假如所献的是俘虏，那就用左手抓住他的右袖递交。如果馈赠的是车，就解下车上用来登车的挽绳，手捧着传达辞命。馈赠甲胄时，如果还有其他较轻的礼品，就先送上较轻的礼品传达辞命；假如没有其他财物，就把袋子打开，袒露盔甲，而捧着头盔去传达辞命。馈赠有盖的器物时，就拿着盖子进入传达辞命。送弓时则把弓衣褪下，左手抓着弓把，右手拿着弓角一端传达辞命。送剑时就打开剑匣的盖，把匣盖合在剑匣的下面，然后把剑衣垫在匣内，剑放在剑衣上。凡馈赠笏版、书册、干肉、鱼肉、弓、褥子、席子、枕头、警枕、几案、手杖、琴、瑟、用木盒装载的有刀刃的戈、占卜吉凶用的蓍草、籥等物给人，双手拿的时候都要左手在外，在前或在上。递刀给人时，要把刀刃朝后，把刀环递给对方。递弯刀给人时，则把刀柄递给对方。凡是有锋刃的东西，在递给对方时都不要把锋刃正对着对方。乘坐在兵车上的战士，出城时刀刃朝前，入城时刀刃朝后。军队中的行列，将军的位置以左为上，士兵的队列以右为上。

宾客主恭，祭祀主敬，丧事主哀，会同主诩。军旅思险，隐情以虞。

燕侍食于君子，则先饭而后已，毋放饭，毋流歠，小饭而亟之，数噍①，毋为口容。客自彻，辞焉则止。

客爵居左，其饮居右。介爵、酢爵、僎爵皆居右。

羞濡鱼者进尾。冬右腴，夏右鳍。祭朊。凡齐，执之以右，居之于左。赞币自左，诏辞自右。酌尸之仆，如君之仆。其在车，则左执辔，右受爵，祭左右轨、范，乃饮。

凡羞有俎者，则于俎内祭。君子不食圂腴。小子走而不趋，举爵则坐祭，立饮。凡洗必盥。牛羊之肺，离而不提心。凡羞有湆者，不以齐。为君子择葱薤，则绝其本末。羞首者，进喙，祭耳。

尊者以酌者之左为上尊，尊壶者面其鼻。饮酒者、禨者、醮者，有折俎②不坐。未步爵，不尝羞。

牛与羊、鱼之腥，聂而切之为脍。麋、鹿为菹，野豕为轩，皆聂而不切。麕为辟鸡，兔为宛脾，皆聂而切之。切葱若薤，实之醯以柔之。其有折俎者，取祭肺，反之，不坐。燔亦如之。尸则坐。

衣服在躬，而不知其名为罔。

其未有烛，而后至者，则以在者告。道瞽亦然。凡饮酒，为献主者执烛抱燋，客作而辞，然后以授人。执烛，不让、不辞、不歌。洗、盥、执食饮者勿气。有问焉，则辟咡而对。

为人祭曰：『致福』，为己祭而致膳于君子曰：『膳』，祔、练曰：『告』。凡膳、告于君子，主人展③之，以授使者于阼阶之南，南面，再拜稽首送；反命，主人又再拜稽首。其礼，大牢则以牛左肩、臂、臑，折九个，少牢则以羊左肩七个，犆豕则以豕左肩五个。

国家靡敝，则车不雕几，甲不组縢④，食器不刻镂，君子不履丝屦，马不常秣。

【注释】

①数噍：多快咀嚼，噍：同「嚼」。

②折俎：解割牲体盛于俎上。

③展：省视。

④縢：缘边。

【译文】

招待宾客内心恭敬，参加祭祀内心诚敬，参加丧事内心主哀，朝见盟会以勇武敏锐为主。军旅行动常备不懈，隐瞒自己的部署，防患于未然。

闲时陪君子吃饭，要先为君子尝饭，而在君子吃完后再停止吃饭。已经抓取的饭不要再放回去，不要大口喝汤，要小口快吃，频频咀嚼，不要啧啧作响，不要鼓起腮帮子。如果客人自己去撤席前的器物，主人应劝阻，客人就停下。

举行乡饮酒礼时，主人酬宾的爵，宾接过后放在自己席前脯醢的左边；主人献宾的爵，宾饮此酒后将爵放在席前脯醢的右边，主人向介进的爵、宾回敬主人的爵，以及主人献给观礼的卿大夫的爵，都放在右边。

进献的是浇上汁的鱼，要让鱼尾朝前。冬天鱼肚在右，夏天鱼脊在右。食前祭礼，要用腹部内切下来的大片的肉。调和食物，左手拿调味料，右手拿食物。替国君接受物品在左边，传达命令在右边。给为尸驾车的人酌酒，如同授给为君驾车的人。为尸驾车的人在车上，左手握缰绳，右手接酒，先用酒祭车轴的左、右两头和车轼前，然后才喝。

凡进菜，有俎盛的，就取肉放在俎内行食前祭礼。君子不吃猪狗的内脏、弟子奔走供役使不得急走，举杯饮酒先跪坐下祭先人，然后坐下饮酒，凡洗杯必先洗手。牛羊的肺，不能割到中央。凡是佳肴有大羹的，不加调料。为君子选择葱、薤类，要把叶稍和根须掐掉。所进佳肴有牲头的，口朝前，食前祭礼用牲耳。

在堂上设酒樽的人，应以斟酒人的左方之尊为上尊。而设樽、设酒壶者要使樽、壶的鼻嘴朝前对着尊长者。

相聚饮酒以及洗过头之后饮酒，冠礼中向加冠后的青年敬酒，凡是有折俎的时候，都不可坐着饮酒。

将折俎撤下，人们才可坐饮。

宴会未到行爵畅饮时，不吃菜肴。

牛与羊、鱼的生肉，先切好片，再细切成『脍』。麋鹿肉切为片，叫作『菹』；野猪肉切为片，叫作『轩』，都只切为片而不再细切。獐子肉切为肉丝，叫作『辟鸡』；兔肉切为肉丝叫作『宛脾』，都是先切片然后细切的。切葱和薤菜，然后与以上生肉分别浸入醋中，除腥气并使脆嫩。如折体于俎，取肺以祭，祭毕又回到俎上，这都要站立进行。献烤肉也这样。只有尸，能够坐着。

衣服穿在身上而不知道名和义，就是无知。

天黑尚未点灯而有后来的客人，主人要把在座的客人介绍给后来者，对盲人也是这样。凡饮酒做主人的，天黑时就要点着火把，并抱着火把劝酒，客人诰词后把火把交给手下人。主人拿着火把的时候，不必同客人行辞让之礼，也不歌唱赋诗，为长者奉进洗漱的水，以及拿饮品，不可让口气直冲长者。如果尊者想提问，要侧头回答，避免口气冲及长者。

代人做主祭，将剩下的祭肉送人时，要说：『把祭祀之福赠给您。』如果是自己家中祭祀，将剩余祭肉送人时，则应该说：『送点美食给您尝尝。』如果是祔、练等祭时，将剩余祭肉送人时，则说：『我刚才举行了祔（或练）祭，特来报告。』

凡是送祭肉给国君，主人要亲自检查所赠的物品，然后在东阶南面给予使者，并且面朝南再拜磕头为使者送行。使者完成任务归来，主人又在东阶南边堂下，面朝南再磕头行礼，接纳使者复命。所致送的礼数是：如果祭奠时用太牢，那就送牛的左肩、臂、臑共九段；如果祭奠时用少牢，就送羊的左前侧的肩、臂、臑折为七段放在俎中；如果祭奠时只用一头猪，那就送猪的左前侧的肩、臂、臑，折为五段。

当国家财政拮据、人民生活艰苦的时期，国君制造车子不要雕饰、油漆，制造铠甲不要用丝织来连缀装扮，制作饮食器皿不雕琢花纹，君子不穿丝织制作的鞋，马不常常用谷物来喂养。

学记

发虑宪，求善良，足以謏①闻，不足以动众。就贤体远，足以动众，未足以化民。君子如欲化民成俗，其必由学乎！

玉不琢，不成器；人不学，不知道。是故古之王者建国君民，教学为先。《兑命》曰：『念终始典于学。』其此之谓乎！

虽有嘉肴，弗食，不知其旨也；虽有至道，弗学，不知其善也。是故学然后知不足，教然后知困。知不足，然后能自反也；知困，然后能自强也。故曰：教学相长也。《兑命》曰：『学学半』。其此之谓乎！

古之教者，家有塾，党有庠，术有序，国有学。比年入学，中年考校：一年视离经辨志，三年视敬业乐群，五年视博习亲师，七年视论学取友，谓之『小成』。九年知类通达，强立而不反，谓之『大成』。夫然后足以化民易俗，近者说服而远者怀之。此大学之道也。《记》曰：『蛾子时术之。』其此之谓乎！

大学始教，皮弁祭菜[2]，示敬道也。《宵雅》肄三，官其始也。入学鼓箧，孙其业也。夏、楚二物，收其威也。未卜禘不视学，游其志也。时观而弗语，存其心也。幼者听而弗问，学不躐等也。此七者，教之大伦也。《记》曰：『凡学，官先事，士先志。』其此之谓乎！

大学之教也，时教必有正业，退息必有居学。不学操缦，不能安弦；不学博依，不能安『诗』；不学杂服，不能安礼；不兴其艺，不能乐学。故君子之于学也，藏焉，修焉，息焉，游焉。夫然，故安其学而亲其师，乐其友而信其道。是以虽离师辅而不反也。《兑命》曰：『敬孙务时敏，厥修乃来。』其此之谓乎！

今之教者，呻其占毕，多其讯言，及于数进，而不顾其安，使人不由其诚，教人不尽其材。其施之也悖，其求之也佛[3]。夫然，故隐其学而疾其师，苦其难而不知其益也。虽终其业，其去之必速。教之不刑，其此之由乎！

大学之法：禁于未发之谓豫，当其可之谓时，不陵节而施之谓孙，相观而善之谓摩。此四者，教之所由兴也。

发然后禁，则扞格而不胜[4]；过时然后学，则勤苦而难成；杂施而不孙，则坏乱而不修；独学而无友，则孤陋而寡闻；燕朋逆其师；燕辟废其学。此六者，教之所由废也。

君子既知教之所由兴，又知教之所由废，然后可以为人师也。故君子之教喻也，道而弗牵，强而弗抑，开而弗达。道而弗牵则和，强而弗抑则易，开而弗达则思。和、易以思，可谓善喻矣。

学者有四失，教者必知之。人之学也，或失则多，或失则寡，或失则易，或失则止。此四者，心之莫同也。知其心，然后能救其失也。教也者，长善而救其失者也。

善歌者，使人继其声；善教者，使人继其志。其言也约而达，微而臧，罕譬而喻，可谓继志矣。

君子知至学之难易，而知其美恶，然后能博喻。能博喻然后能为师，能为师然后能为长，能为长然后能为君，故师也者，所以学为君也。是故择师不可不慎也。《记》曰：『三王、四代唯其师。』此之谓乎！

凡学之道，严⑤师为难。师严然后道尊，道尊然后民知敬学。是故君之所不臣于其臣者二：当其为尸，则弗臣也；当其为师，则弗臣也。大学之礼，虽诏于天子，无北面，所以尊师也。

善学者，师逸而功倍，又从而庸⑥之；不善学者，师勤而功半，又从而怨之。善问者，如攻坚木，先其易者，后其节目，及其久也，相说以解；不善问者反此。善待问者，如撞钟，叩之以小者则小鸣，叩之以大者则大鸣，待其从容，然后尽其声；不善答问者反此。此皆进学之道也。

记问之学，不足以为人师。必也其听语乎！力不能问，然后语之；语之而不知，虽舍之可也。

良冶之子，必学为裘；良弓之子，必学为箕；始驾马者反之，车在马前。君子察于此三者，可以有志于学矣。

古之学者，比物丑类。鼓无当于五声，五声弗得不和；水无当于五色，五色弗得不章；学无当于五官，五官弗得不治；师无当于五服，五服弗得不亲。

君子曰：『大德不官，大道不器，大信不约，大时不齐。察于此四者，可以有志于学矣。』

三王之祭川也，皆先河而后海，或源也，或委也。此之谓务本。

【注释】

①謏：小。

②皮弁：即皮弁服，一种礼服名。这里指礼服。祭菜：用菜作供品来礼祭先圣先师。

③佛：通『拂』，乖戾。

④扞格不胜：扞格：抵触。通过教育也不能制止其念头的产生。

⑤严：尊敬。

⑥庸：功劳。

【译文】

思想符合法度原则，招来善良贤能之人，这样做尽管能够使自己小有声誉，但还不足以感动大众。礼贤下士，体恤远方臣民，这样做尽管能够感动大众，但还不足以改变民心。统治者如果想要改变民心，移风易俗，恐怕必定要从教育入手吧！

玉石不经过雕琢就成不了玉器。人不经过学习，就不会懂得世事道理。因此，古代的君王建立国家、统治百姓，把教育和学习作为首要的事情。《说命》上说：『自始至终都在想着学习。』大概说的就是这个道理吧！

虽有美味的菜，不吃就不能明白其滋味；虽有高明的道理，不学就不懂得其益处。为此，只有努力学习才能知道自己的不足，只有教导别人才能知道其中的困难。懂得了自己的不足，然后才能够反省自己；发觉自己的困惑，就能自我勉励，更努力学习。因此说，教导别人与自己学习是相互促进的。《说命》说：『教是学的一半。』即是这个意思。

古代教育场所，二十五家的闾则有塾，五百家的党则有庠，一万二千五百家的遂则有序，天子、诸侯的国则有大学。每年都有新生入学，每隔一年考查其学习情况。入学第一年完成时，考察其经文的阅读能力并辨别学习兴趣的方向；第三年考核他是否专心于学业，是否乐于和同学相处；第五年考核他是否广博学习、敬爱师长；第七年考核他对学术的见解，及能否挑选有益的人做朋友。如果能办到这些，就称为『小成』。第九年考核他能否知识通达，触类旁通，遇事有主见，不为外物所左右，这就称为『大成』。学业大成然后才能教导民众，改变风俗，使近处的人心悦诚服，使远处的人都来归顺，这就是大学教育的要旨。古书《记》上说：『蚂蚁不停地学习衔土，终于垒成了土堆。』说的就是这个意思。

大学入学的时候，士子穿着礼服，在先圣、先师神位前祭菜，以向学生展示敬师重道。在祭奠先圣、先师时，让学生练习《小雅》中的《鹿鸣》《四牡》《皇皇者华》三首诗，使学生知道做官入仕的志向。入学讲课时，先敲鼓召集学生，然后打开书箱取书，要他们谦虚慎重地对待学业。使用夏和楚两种教鞭惩罚不听教的学生，使他们有所恐惧，整顿威仪。（天子、诸侯）没有通过占卜举行禘祭之前，不检查学校，考查学生，目的是让学生认真学习。教师要常常观察学生的学习情况，发觉学生有疑难问题时，不讲给他听，先让学生多思考。年幼的学生只听老师的讲授而不随便提问题，这是由于学习应当循序渐进而不能越级。以上七项即是教学的大纲。古书《记》上说：『凡是学习，学做官就先学为官之事，学做士就先学学士之志。』这话说的即是这个道理。

大学的教学必须因时施教安排授课内容。所教内容必须是经典，课后休息必须有一定的处所，不练习指法就不能演奏乐曲；不学习比兴比喻，就不能真正理解《诗经》；不学习各种服饰弁冕知识，就不能学好礼仪；不喜欢所学，就不能有兴趣地学习。因此君子对学习，要不断进修学业，休息时也不忘学习。这样才能学得好又亲近老师，喜欢学友而相信所学道理。即使离开师友也不违反所学的道理。《说命》说：『敬重道义，努力学习，学业就会成功。』说的就是这个意思吧。

现在教书的人，只会看着书简吟读，不等学生自己思考领悟就生硬灌输，汲汲于速度进度，而不管学生是否知晓道理，教学不用诚心，又不考虑学子的资质能力。教育学子时违背情理，学生求学也乖戾抵触。这样，学子们不称扬师长的教学，反而憎恶师长，感到学习痛苦并不知道学习有什么好处。虽然结束了学业，很快就会忘得干干净净。教育之所以不能成功，就是这个缘故。

大学的教学方法是：在学生不正当的欲望发生之前就加以遏止，称为预防；在最适当的时候进行教导，这称为适时；不超越学生的接受能力进行教育，称为循序渐进；使学生相互观察，学习他人的优点，称为观摩。以上四条，就是教学取得成功的方法。

在学生不正当的欲望已经发生以后再去制止，这就和学生的想法冲突而格格不入，因而不起作用；适当的学习时期已经过去了，才来学习，则学起来很费劲而不易取得成就；教学时不按部就班、循序渐进，而是杂乱无章，就会破坏混乱教学体系而无法治理；单独学习而没有朋友一块商量，就会孤陋寡闻；轻慢朋友就会违背师教；轻慢老师的训谕就会荒废学业。以上六个方面，是造成教育失败的原因。

君子只有既懂得了教育获得成功的原因，又懂得了教育失败的原因，然后才能够为人师表。因此君子在教育学生时，只加引导，而不是使他强制服从，对学生要多加鼓励，而不是使他颓废压抑，讲解时在于启发而不是全部讲授。只引导而不强制，就会使师生关系和谐，多鼓励而不压抑，则学生学习时就会感到比较轻松，只启发而不全部讲授，则学生就会善于思考。能使师生关系和睦，使学习容易成功，使学生勤于思考，就能够说是善于教育人了。

学生可能有四种过错，当教师的必定要知道。人在学习的时候，有的一味贪多，有的孤陋寡闻有的浅尝辄止，有的自以为是故步自封。这四种过错的产生，是人心理不同的原因。做教师的必定要先了解学生的心理，然后才能纠正他们的过错。教育的目的，就在于发扬学生的长处，纠正他们的过错。

善于唱歌的人，能让别人感动而不知不觉跟着他唱，善于教育的人，能让人继承他的治学志向。老师的语文简约明达，含蓄精妙，少用比喻而明白易晓，可算是能让人继承他的志向了。

君子知道达到学问之路的难与易，而且知道学生素质有好有坏，然后才可广用比喻、因材施教；能广用比喻、因材施教，然后才可做老师；能做老师，然后才可做官长；能做官长，然后才可做君王。因此，学为人师就是学为人君；为此，选择老师不能不慎重。古《记》说：『虞夏商周三王四代（所以至治）就在于看重师道。』说的就是这个意思。

人们在学习的过程中，尊师这一条最难办到。只有师尊，然后才可重道。只有重道，然后人民才会尊敬地学习。因此，国君不以对待臣下的礼仪来对待其臣下的情况有两种：一种是当其为尸之时，国君不以臣礼相待；一种是当其为师之时，国君不以臣礼相待。大学中的礼仪，即便是给天子讲课，也不面北而立，就是为了显示尊敬老师。

擅长学习的人，老师轻松而效果加倍，学生从而归功于老师；不善于学习的人，老师辛勤而效果减半，学生又从而埋怨老师。善于发问的人，好比攻伐坚硬的木材，要先从容易的部位开始，然后再砍伐坚硬的关节处，等到时间一长，木材就脱落分解了；不善于发问的人正与此相反。善于回答问题的人，好比撞钟，小力地敲打钟声就小，用力地敲打钟声就大，从容不迫地敲打，钟声就渐渐止息；不善于回答问题的人正与此相反。这都是推进学习的方法。只凭记忆力学会书本上的各种知识而不加理解，这种人不够资格当教师。

当教师的人，必定要善于听取学生的提问，并能够给予解答。学生不会提问时，老师要加以引导。如果老师引导了还是不懂，那就暂时先放一放，等之后再讲。

优秀铁匠的儿子，必定会用零碎的兽皮补缀成裘衣。优秀弓匠的儿子，必定会把柳条弯曲编成簸畚。刚开始学驾车的小马，必定要先把它系在车的后面，让它跟在老马后面慢慢适应。君子明白了这三件事中的道理，就能够触类旁通，立定求学的志向了。

自古以来，教与学都一定要运用归类比较，综合分析的方法。比如，鼓声并不归属五音之一，但没有鼓声五音就不可和谐协调；水色并不分红黄蓝黑，但没有水则五色无法显示；学问本身并不属于五官中的一职，但不学则五官很难得正；老师对人伦来说，并不归属哪一服，但如没有老师教导则人伦亲疏，很难用丧服显示。

君子说：『最基本的德行不局限于任何官职，最高的理论不受器用约束，最大的信用不受文字约束，天地时令万物生死消长不可能整齐划一。深刻体会这些道理，就能让人努力务本，有志于学了。』

以前三皇五帝祭祀名山大川，总是先祭河后祭海，由于河是海之源，海是河的汇聚。这就称为务本。

乐记（上）

凡音之起，由人心生也。人心之动，物使之然也。感于物而动，故形于声。声相应，故生变。变成方，谓之音。比①音而乐之，及干戚、羽旄，谓之乐。

乐者，音之由所生也，其本在人心之感于物也。是故其哀心感者，其声噍以杀②；其乐心感者，其声啴以缓；其喜心感者，其声发以散；其怒心感者，其声粗以厉；其敬心感者，其声直以廉；其爱心感者，其声和以柔。六者，非性也，感于物而后动。是故先王慎所以感之者。故礼以道其志，乐以和其声，政以一其行，刑以防其奸。礼、乐、刑、政，其极一也，所以同民心而出治道也。

凡音者，生人心者也。情动于中，故形于声。声成文，谓之音。是故治世之音安以乐，其政和；乱世之音怨以怒，其政乖；亡国之音哀以思，其民困。声音之道，与政通矣。

宫为君，商为臣，角为民，徵为事，羽为物。五者不乱，则无怗懘[3]之音矣。宫乱则荒，其君骄；商乱则陂，其官坏。角乱则忧，其民怨；徵乱则哀，其事勤；羽乱则危，其财匮。五者皆乱，迭相陵，谓之慢。如此则国之灭亡无日矣。

郑、卫之音，乱世之音也，比于慢矣。桑间濮上之音，亡国之音也，其政散，其民流，诬上行私而不可止也。

凡音者，生于人心者也；乐者，通伦理者也。是故知声而不知音者，禽兽是也；知音而不知乐者，众庶是也，唯君子为能知乐。是故审声以知音，审音以知乐，审乐以知政，而治道备矣。是故不知声者不可与言音，不知音者不可与言乐。知乐，则几于礼矣。礼、乐皆得，谓之有德。德者，得也。是故乐之隆，非极音也；食飨之礼，非致味也。《清庙》之瑟，朱弦而疏越，壹倡而三叹，有遗音者矣。大飨之礼，尚玄酒而俎腥鱼，大羹不和[4]，有遗味者矣。是故先王之制礼乐也，非以极口腹耳目之欲也，将以教民平好恶而反人道之正也。

人生而静，天之性也。感于物而动，性之欲也。物至知知，然后好恶形焉。好恶无节于内，知诱于外，不能反躬[5]，天理灭矣。夫物之感人无穷，而人之好恶无节，则是物至而人化物也。人化物也者，灭天理而穷人欲者也。于是有悖逆诈伪之心，有淫泆作乱之事。是故强者胁弱，众者暴寡，知者诈愚，勇者苦怯，疾病不养，老幼孤独不得其所，此大乱之道也。

【注释】

①比：编排。

②噍（jiāo）：急促。杀（shài）：衰退，消减。

③怗（zhān）懘：声音不和。

④大羹：肉汁。不和：不用佐料调和。

⑤反躬：反省自己的内心世界。

【译文】

“音”的缘起是由人的感情产生的。人们心中情感的波动是由外物引起的。人被外物感触而心情波动，就表现在声音上。人所发的声音与其心情对应故有许多变化，把声的变化按着一定的规律表现出来，就成为“音”。再把这音进行高低、强弱、快慢的人为编排，再配上乐器演奏，并手持干、戚、羽、旄跳舞，这样就成为“乐”。

从以上可知，所谓“乐”，是由音所产生的，而其源头在于人心对于外界事物的感应。因此，人心有了悲痛的感受，发出的声音就焦急而衰弱；人心有了欢乐的感受，发出的声音就宽松而舒缓；人心有了欢喜的感受，发出的声音就开朗而轻快；人心有了愤懑的感受，发出的声音就粗犷而凌厉；人心有了崇敬的感受，发出的声音就正直而端正；人心有了喜爱的感受，发出的声音就温和而柔顺。这六种声音并不是人们内心原本就有的，而是人们内心受到外界事物影响才出现的。所以古代圣王非常注意能够影响人心的外界事物：用礼来指导人们的心志，用乐来调整人们的性情，用政令来统一人们的行动，用刑法来制止人们做坏事。用礼、用乐、用政令、用刑罚，手段尽管不同，但其目的是相同的，就是要统一民心而达到天下大治。

凡音，皆出自人心。感情激动于心，因此就表现为声。把声组成动听的曲调，就称为音。因此太平盛世的音，其曲调安详而欢乐，反映了当时政治的和谐；世道混乱的音，其曲调哀怨而愤怒，反映了当时政治的混乱；亡国之音，其曲调悲伤而深沉，反映了当时人民的困苦。从此看来，声音和政治是贯通的：有什么样的政治就有什么样的声音。

五音之中，宫如同君，商如同臣，角如同民众，徵代表役事，羽代表物资。这五种调式不混乱，就没有不和谐之音。但如果宫音混乱则为散漫，表示国君骄横；商音乱，则为倾颓，表示吏治腐败；角音乱则为忧伤，表示民有怨恨；徵音乱则为悲哀，表示百姓役事繁重；羽音乱则危急，表示财用缺乏。如果五者都乱，则相互凌乱，就叫作『慢音』。这样，则国之灭亡没有多少时日了。

郑、卫的音乐，是乱世的音乐，相当于『慢』。桑间濮上的音乐，是殷纣亡国的音乐，它反映当时政治散乱，人民流离失所，欺君妄上只顾一己之私的人很多，根本不能制止。

一切音乐，都出自于人的内心；乐，是和伦理贯通的。因此，只懂得『声』不知道『音』的，便是禽兽。只懂得『音』而不知道『乐』的，便是普通百姓。只有君子才知道音乐。因此，从审察『声』进而知道『音』，由审察『音』进而知道『乐』，由审察『乐』进而知道政治，这就具有完备的治国之道。因此不懂得『声』的人，不可与他商讨音调。不懂得音调的人，不能与他讨论『乐』。懂得了『乐』，就靠接近于懂得礼了。礼和乐都懂，就称为有德。德，也就是有得于礼、乐。所以，乐盛大隆重，不是为穷极对音乐的欣赏；举行食、飨之礼，不是为穷极对美味的享受。伴奏《清庙》乐章的瑟，拨着红色的弦，疏通琴底的调音孔，一人领唱，三人应和咏叹，形式简朴但余音袅袅。大飨之礼，将实为清水的玄酒放在上位，俎上摆置的是未经烹煮的生鱼，肉汁里不用盐、菜调和，食物简单却余味无穷。所以先王制礼作乐，并不是用以穷极口腹耳目等感官的欲望，而是用以教导人们节制欲望、平衡好恶，进而归返人性的正道。

人天生来是安静的，这是人的天性。但人总是感于外物情绪冲动，这是本能。外物触动，使人出现某种需求，然后内心的喜欢与厌恶就显示出来。一个人，如果对自己内心的好恶没进行节制，而一味受外物诱惑，又不能自我反省，这样，人的天性就慢慢泯灭。那外物感人是无穷的，而人如果对自己的好恶又无所约束，这样，外物不断出现，而人被逐渐物化。人被物化，也就是天理的泯灭和欲望的放任。于是，就会出现犯上作乱，欺骗诈伪等思想，就会出现淫佚放任、肇乱社会等事情。这样，就产生强者威胁弱者，众人欺负少数，聪明欺骗愚钝，胆大陷害胆怯，以至病者得不到照顾，老人、小孩及鳏寡废疾者得不到应有的安置。这便是大乱的根本。

是故先王之制礼乐，人为之节。衰麻哭泣①，所以节丧纪也；钟鼓干戚，所以和安乐也；昏姻冠笄，所以别男女也；射乡食飨，所以正交接也。礼节民心，乐和民声，政以行之，刑以防之。礼、乐、刑、政四达而不悖，则王道备矣。

乐者为同，礼者为异。同则相亲，异则相敬。乐胜则流②，礼胜则离。合情饰貌者，礼、乐之事也。礼义立则贵贱等矣；乐文同，则上下和矣。好恶著，则贤不肖别矣。刑禁暴，爵举贤，则政均矣。仁以爱之，义以正之，如此则民治行矣。

乐由中出，礼自外作。乐由中出，故静③；礼自外作，故文。大乐必易，大礼必简。乐至则无怨，礼至则不争。揖让而治天下者，礼乐之谓也。暴民不作，诸侯宾服，兵革不试，五刑不用，百姓无患，天子不怒，如此则乐达矣。合父子之亲，明长幼之序，以敬四海之内，天子如此，则礼行矣。

大乐与天地同和，大礼与天地同节。和，故百物不失；节，故祀天祭地。明则有礼乐，幽则有鬼神。如此，则四海之内合敬同爱矣。礼者，殊事合敬者也；乐者，异文合爱者也。礼、乐之情同，故明王以相沿也。故事与时并，名与功偕。

故钟、鼓、管、磬，羽、龠、干、戚，乐之器也。屈伸俯仰，缀、兆④、舒疾，乐之文也。簠、簋、俎、豆，制度、文章，礼之器也。升降上下，周还、裼袭⑤，礼之文也。故知礼乐之情者能作，识礼乐之文者能述。作者之谓圣，述者之谓明。明圣者，述作之谓也。

【注释】

①衰麻哭泣：指丧服之礼和哭泣之礼。

②胜：过分强调。流：太过随便。

③静：平静。

④缀兆：缀是舞队的位置，兆是舞队活动的界域。

⑤裼袭：行礼时，敞开正服前襟叫裼，掩好正服前襟叫袭。

【译文】

有鉴于此，古代圣王就制作礼乐，为人们制定出节制的办法：有关丧服、哭泣的礼数，这是用来节制丧事的；钟鼓干戚等乐器舞具，这是用来调和安乐的；制定婚礼、冠礼、笄礼，这是用来分别男女的；射礼、乡饮酒礼、食礼、飨礼，这是用以规范人们交往的。用礼来节制民心，用乐来调和民性，用政令推行国政，用刑罚防止奸邪。礼、乐、刑、政，如果这四个方面都得到落实而不发生梗阻，也就具足王道政治了。

乐的作用是和合情感，礼的作用是分别差异。情感和合就能相互亲近，有差别便相互尊敬。乐超出了限度，就会流于散漫不恭敬，礼超出了限度，就会导致隔离失和。调和感情，检束仪容，便是礼乐的作用。礼义确立，贵贱等级才能区别；乐由和谐，上下关系便能和谐相处。好恶的标准明确，贤与不肖就容易区分。用刑罚制止暴乱，用赏爵选举贤能，政事就公平清明。用仁来关爱民众，用义来端正管教百姓，这样民众就能管理好。

乐由内心产生，礼通过外表来体现。乐由内心产生因此能够潜移默化；礼通过外表来体现，所以就显现文采。盛大的音乐必定是平易的，大礼必定是简朴的。乐教通行于内心则民众没有憎恨；礼教通行则民众就没有纷争。古代圣王因此能用谦恭礼让的态度统治天下，就是运用了礼乐。不出现违法作乱的人，诸侯都来归服，不需使用武力，不动用多种刑罚，百姓自然没有忧患，天子不需展示威怒，这就表示乐教的目的达到了。父子相互亲睦，长幼秩序明确，使天下的人都互相恭敬。天子如果能这样做，就是礼教普遍推行了。

大乐与天地一样协和万物，大礼与天地一样节制万物。天地之和，故万物不失；天地之节，故人间以祭祀天地相报。外在有礼乐之形，心中则有鬼神之敬。这样，四海之内都能一致地敬，一致地爱。（因此）礼，是人们通过各种礼仪规范显现相同的敬意；乐，是人们通过不同的文饰形制实现一致的爱。（正因为）礼乐所体现的内心情感一致，因此各代相沿相因。这样，各代圣王所制定的礼仪与所处的时代相符，所制定的乐名与所建功业相称。

所以，钟、鼓、管、磬、羽、籥、干、戚，都是表现乐的器具。屈身、伸展、下俯、上仰，舞队定位、舞蹈范围，动作节奏的舒缓，都是表现乐的形式。簠、簋、俎、豆，衣食住行的仪节制度，图案文饰，都是表现礼的器具。升阶、降阶，上堂、下堂，环绕转身，袒露外衣，掩住外衣，都是表现礼的形式。所以懂得礼乐精神和作用的人能够制作礼乐，懂得礼乐表现形式的人能够传授礼乐。能制作礼乐的人称为『圣』，能传授礼乐的人称为『明』。所谓『明圣』，就是传授礼乐、制作礼乐的意思。

乐者，天地之和也；礼者，天地之序也。和，故百物皆化；序，故群物皆别。乐由天作[①]，礼以地制。过制则乱，过作则暴。明于天地，然后能兴礼乐也。论伦无患，乐之情也；欣喜欢爱，乐之官也。中正无邪，礼之质也；庄敬恭顺，礼之制也。若夫礼乐之施于金石，越于声音，用于宗庙社稷，事乎山川鬼神，则此所与民同也。

王者功成作乐，治定制礼。其功大者其乐备，其治辩[②]者其礼具。干戚之舞，非备乐也；孰亨而祀，非达礼也。五帝殊时，不相沿乐；三王异世，不相袭礼。乐极则忧，礼粗则偏矣。及夫敦乐而无忧，礼备而不偏者，其唯大圣乎！

天高地下，万物散殊，而礼制行矣。流而不息，合同而化，而乐兴焉。春作夏长，仁也；秋敛冬藏，义也。仁近于乐，义近于礼。乐者敦和，率神[③]而从天；礼者别宜，居鬼而从地。故圣人作乐以应天，制礼以配地。礼乐明备，天地官矣。

天尊地卑，君臣定矣。卑高已陈，贵贱位矣。动静有常，小大殊矣。方[④]以类聚，物以群分，则性命不同矣。在天成象，在地成形，如此，则礼者，天地之别也。地气上齐，天气下降，阴阳相摩，天地相荡，鼓之以雷霆，奋之以风雨，动之以四时，煖之以日月，而百化兴焉。如此，则乐者天地之和也。

化不时则不生，男女无辨则乱升，天地之情也。及夫礼乐之极乎天而蟠[⑤]乎地，行乎阴阳而通乎鬼神，穷高极远而测深厚。乐著大始，而礼居成物。著不息者天也，著不动者地也。一动一静者，天地之间也。

故圣人曰『礼乐』云。

【注释】

①乐由天作：音乐体现了天地间的和谐。

②辩：通『遍』。

③神：阳之灵。

④方：指禽兽之属。

⑤蟠：委。

【译文】

乐，所体现的是天地间的和谐；礼，所体现的是天地间的秩序。因为和谐，因此万物都能化育生长；因为有秩序，万物又各有分别。乐根据天的规律制作，礼根据地的规律制作。礼的制作超出了秩序，就会出现混乱；乐的制作破坏了和谐，就会造成秩序混乱。只有懂得天地的规律，然后礼乐才能兴起。合乎伦理，对社会无害，是乐内在的精神；让人高兴欢乐，是乐的功用。中正无邪，是礼的实质；庄重恭敬，是礼对人的约束。至于运用金石乐器表现出来，透过声音传播出来，用于宗庙社稷的祭祀活动，祭祀山川鬼神，这些是天子与民众一起使用的。

一个朝代的开创者，在大功告成以后才制定乐，在社会安定以后才制定礼。他的功劳越大，他所制的乐也就越完备；他的政治越安定，他所制的礼也就越完善。只有手执干戚的武舞，不能算完备之乐；用熟肉来祭祀，不能算至敬之礼。五帝不同时，因而不互相照搬前代之乐；三王不同代，因而不互相抄袭前代之礼。极意于乐，则有沉迷之忧；粗制之礼，或失中正无邪之质。至于能够做到爱好乐但没有沉迷之忧，礼数完善但不失中正无邪之质的，大概只有伟大的圣人吧。

天在上地在下，万物各异，这是天地自然之礼。天地万物周而复始，合而同化，这是天地自然之乐。春生夏长，表现化育与仁爱，即与乐通；秋收冬藏，表现天地的义，此与礼通。仁爱近于乐，适宜近于礼。乐能敦睦亲和，就是要遵循神的旨意而顺从天之道；礼主别异，就是要遵从鬼的旨意而顺从地之道。因此圣人作乐以应天道，制礼而配地道。礼乐明确而齐备，就合乎天地之职能了。

天高而尊，地低而卑，君臣尊卑取法天地而定。山高泽低已有布陈，身份贵贱取法自然而定。天地阴阳的动静有一定的规律，大小万物的差异就显现了。飞禽走兽，各以种类而聚；草木竹树，各以族群而分，那么万物的禀性、生命是各不相同的。天空中日、月、星辰形成各种天象，大地上鸟兽、草木生成各种形态，这样，礼就是用以显示天地万物的差异和区别的。地气上升，天气下降，阴阳交接摩擦，天地互相激荡，雷霆震动，风雨飘摇，四时更迭，日月照耀，而万物就兴旺生长。这样，乐就是用以显示天地万物的协调与调和的。

化育万物不符合天时就不能生长，男女没有区别就会产生混乱，这是天地间的情理。说到礼乐的功能，上达于天，下至于地，可以行于阴阳之间，可以通于鬼神，穷极高远，探测深厚。乐显示创始万物的天，礼体现形成万物的地。显示着不停运动的是天，显示着静止不动的是地。一动一静，就生成了天地间的一切。所以圣人治理天下，言必称礼乐。

昔者舜作五弦之琴以歌《南风》，夔始制乐以赏诸侯。故天子之为乐也，以赏诸侯之有德者也。德盛而教尊，五谷时熟，然后赏之以乐。故其治民劳者，其舞行缀远①；其治民逸者，其舞行缀短。故观其舞，知其德；闻其谥，知其行也。《大章》，章之也。《咸池》，备矣。《韶》，继也。《夏》，大也。殷周之乐，尽矣。

天地之道，寒暑不时则疾，风雨不节则饥。教者，民之寒暑也，教不时则伤世；事者，民之风雨也，事不节则无功。然则先王之为乐也，以法治也，善则行象德矣。

夫豢豕为酒，非以为祸也，而狱讼益繁，则酒之流生祸也。是故先王因为酒礼。壹献之礼，宾、主百拜，终日饮酒而不得醉焉，此先王之所以备酒祸也。故酒食者所以合欢也，乐者所以象德也，礼者所以缀淫也。是故先王有大事，必有礼以哀之；有大福[2]，必有礼以乐之。哀乐之分，皆以礼终。乐也者，圣人之所乐也，而可以善民心，其感人深，其移风易俗，故先王著其教焉。

夫民有血气心知[3]之性，而无哀乐喜怒之常，应感起物而动，然后心术形焉。是故志微、噍杀之音作，而民思忧；啴谐、慢易、繁文、简节之音作，而民康乐；粗厉、猛起、奋末、广贲之音作，而民刚毅；廉直、劲正、庄诚之音作，而民肃敬；宽裕、肉好、顺成、和动之音作，而民慈爱；流辟、邪散、狄成、涤滥之音作，而民淫乱。

是故先王本之情性，稽之度数，制之礼义，合生气之和，道五常之行，使之阳而不散，阴而不密，刚气不怒，柔气不慑。四畅交于中而发作于外，皆安其位而不相夺也。然后立之学等，广其节奏，省其文采，以绳德厚。律小大之称，比终始之序，以象事行[4]。使亲疏、贵贱、长幼、男女之理皆形见于乐，故曰：『乐观其深矣。』

【注释】

①缀远：指舞位的间隔较大，即跳舞的人少。

②大福：指吉庆大事。

③血气：指肉体生命。心知：指思想智能。

④事行：指下文所谓亲疏、贵贱、长幼、男女等人伦关系。

【译文】

以前，舜制作五弦琴演奏『南风』之音，乐官夔，又制乐以赏赐诸侯。所以，天子制乐是用来奖赏诸侯当中有德行的人。凡诸侯德行显著，政教严厉，不失农时，五谷丰登，天子就奖给乐一部。所以诸侯治理人们而使人们劳苦的，天子赏赐给诸侯的舞队就规模小，人数少，舞蹈场地上为舞者的位置所设标记就隔得远；诸侯治理人们而使人们安逸的，天子赏赐给诸侯的舞队就规模大，人数多，舞蹈场地上为舞者的位置所设标记就隔得近。因此，一看天子赏给的乐，就可知道该诸侯的德行；而一听天子赐给的谥号，就可知道其业绩。尧乐《大章》，即显示尧的德行。黄帝之乐《咸池》，即表明黄帝的恩德遍施于天下。舜乐《韶》，表明舜继承尧之德行。禹乐《夏》，表明能光大尧舜之德。直至商乐《大濩》，周乐《大武》充分反映了当时的文治武功的盛况。

天地之间的道理，寒暑不应时令就会发生疾病，风雨不合节气，就会发生饥荒。乐的教化犹如寒暑，不应时令就会伤害世风；礼的教化犹如风雨，不合节气就会劳而无功。所以先王作乐，作为治世之法，运用得当就能使百姓的行为合乎道德规范。

养猪酿酒，不是为了制造祸患，而诉讼官司日益频繁，就是因为饮酒放纵无度而造成的祸患。因此先王制定了饮酒礼。饮酒行一献之礼，宾、主之间须行种种拜礼，所以喝酒喝上一整天也不会醉倒，这是先王用来预防喝酒酿祸的方法。酒食，是用来使大家欢聚的。乐，是用来显现道德的。礼，是用来禁止人们的越轨行为的。因此先王遇到死丧的大事，必定有一定的礼来表示哀悼；遇到吉庆的喜事，也必定有一定的礼来表示欢乐：悲哀和欢乐的程度，最终都要合乎礼。乐是圣人所喜爱的，它能够使民心向善，深刻地感动人心，使民风习俗变化，因此，从前的君王设置了专门机构来落实乐教。

人有血气、有感之外物的天性，而哀乐喜怒之常情不是不变的，都是接触感觉于外而产生的。正因为这样，急促细微之乐，可使民思虑而忧愁；宽和、平易、华美、简明之乐，可使民健康和乐；激烈、威猛，高扬、宽阔之乐，可使人刚强勇敢；正直、坚定、庄重、诚实之乐，可使人严肃谨慎；宽和、温柔、圆润、喜悦之乐，能使人慈善而同情；放荡、邪恶、轻浮、懒散之音，能使人淫乱。

所以先王以人的性情为根本出发点，审核音律的度数，制定礼仪制度，配合天地阴阳二气的和谐，遵循五行相生相克的规律，使其阳气奋发而不流散，阴气收敛而不闭塞，刚气坚强而不暴怒，柔气和顺而不畏缩。阴、阳、刚柔四个方面通畅交融于内部，表现于外表，各得其所而不互相妨害。然后制定进学的级别，逐渐增益音乐的节奏，审察音乐的文采，用以衡量道德仁厚。配合音律的大小高低，排列五音的先后次序，用来表现人伦关系，使亲疏、贵贱、长幼、男女之间的区别都经乐表现出来。所以说：『通过乐，可以深刻地观察社会。』